Couleurs

DAVID HICKS

PAULINE DELMET

Couleurs

Transformer son intérieur à peu de frais

Collection dirigée
par Marie-Pierre Dubois-Petroff

ma Maison en mieux

ULMER

Atelier

Connaître les couleurs

Si quelques rares privilégiés assemblent les couleurs avec beaucoup d'aisance et d'instinct, la majorité hésite, intimidée devant l'infinie diversité des teintes et des harmonies qu'elles peuvent composer. Puisqu'il serait trop triste de renoncer, mieux vaut acquérir (ou réviser) quelques notions essentielles, indispensables pour appréhender ce vaste domaine avec légèreté et surtout avec beaucoup de plaisir.

Les couleurs primaires

Elles sont au commencement de tout. Bleu, rouge, jaune: trois couleurs ne pouvant être obtenues par mélange, mais à la source de toutes les autres, ce qui paraît presque incroyable tant le monde des couleurs est riche de nuances et de variété.

SYNTHÈSE DES COULEURS?

On parle de **synthèse additive** quand la couleur est vue à travers la lumière (télévision, écran d'ordinateur, projecteur...). Les couleurs primaires sont alors le rouge, le vert et le bleu, à la base du système RVB.

On parle de **synthèse soustractive** quand la couleur est représentée par de la matière (peinture, encre, pigments...), les couleurs primaires sont alors le cyan (bleu primaire), le magenta (rouge primaire) et le jaune, à l'origine du système CMJN.

Néanmoins, la confusion entre les deux systèmes est fréquente. Au point que l'on a pour habitude de se référer au rouge, bleu et jaune comme les trois couleurs primaires de base, même quand on parle de peinture...

Les couleurs secondaires

Elles sont obtenues grâce au mélange de deux couleurs primaires à parts égales, mais donnent aussi naissance à une infinité de variations dès que le mélange se déséquilibre au profit de l'une des deux couleurs.

COULEUR TERTIAIRE

On nomme ainsi une couleur qui contient les trois couleurs primaires, sans forcément résulter du mélange direct de ces trois couleurs. Elle est obtenue en mélangeant à parts égales une couleur primaire et une couleur secondaire. Par exemple le marron est obtenu grâce au mélange de orange (couleur secondaire résultant de rouge et de jaune) et de bleu (couleur primaire).

Orange
(rouge + jaune)

Violet
(rouge + bleu)

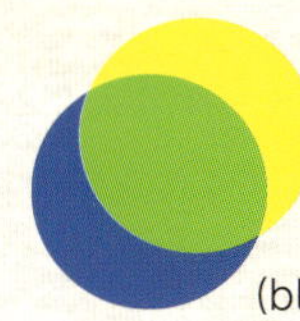

vert
(bleu + jaune)

Les complémentaires

On appelle ainsi les couleurs qui se font face sur le cercle chromatique, considérant qu'elles se complètent et se valorisent mutuellement. Mélangées à parts égales, deux couleurs complémentaires donnent naissance à un gris.

Rouge et vert composent un duo contrasté et dynamique, classique et pourtant toujours renouvelé. On le décline à l'infini, accordant selon ses préférences davantage d'importance à l'une ou l'autre couleur.

COMPLÉMENTAIRE DE PRIMAIRE

Les couleurs primaires ont aussi leur couleur complémentaire, obtenue avec le mélange des deux autres primaires. En clair:

- Complémentaire du bleu = orange = rouge + jaune
- Complémentaire du rouge = vert = bleu + jaune
- Complémentaire du jaune = violet = bleu + rouge

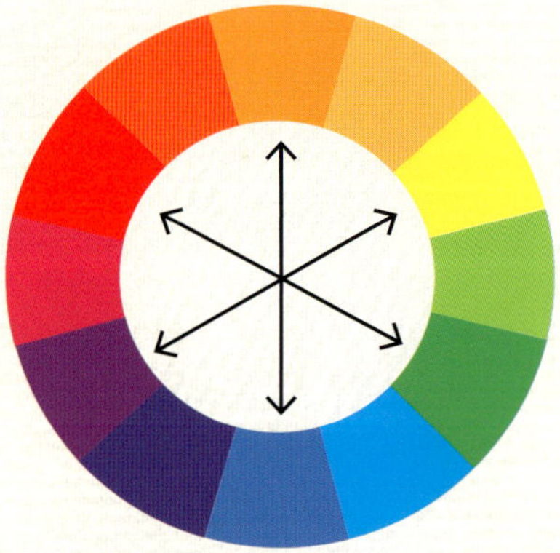

Subtil, le duo est composé grâce à la perspective offerte sur le jardin Un exemple rappelant que les couleurs de l'environnement extérieur s'invitent à l'intérieur dès que les ouvertures le permettent. En tenir compte pour créer les harmonies intérieures permet de renforcer le lien visuel entre le dedans et le dehors.

BON À SAVOIR...

Pour assombrir une couleur, on lui additionne de préférence sa couleur complémentaire plutôt que du noir.

On adoucit le duo en éclaircissant l'une des deux couleurs. Ici, le vert tendre est dynamisé par les ponctuations de rouge vif disséminées dans la pièce.

Couleurs chaudes couleurs froides

Issues de réelles sensations provoquées par les couleurs, ces deux familles divisent le cercle chromatique en deux parties égales. D'un côté, les couleurs évoquant la chaleur. De l'autre, celles suggérant la fraîcheur. Mais la répartition n'est pas aussi binaire qu'elle semble l'être...

Les couleurs CHAUDES ont la capacité de rapprocher les murs, donnant l'impression que les pièces sont plus chaleureuses et petites qu'elles ne le sont réellement. Une capacité qu'elles perdent en grande partie quand elles sont éclaircies.

Les couleurs FROIDES donnent une impression d'espace plus grand, à condition d'être claires. Plus sombres, elles ont tendance à resserrer les pièces.

TEMPÉRATURE RESSENTIE

Les couleurs ont un réel impact sur la température ressentie dans une pièce. On constate en effet que dans une pièce chauffée à 16 °C, la température ressentie est d'environ 14 °C si elle est peinte en couleurs froides et de 18 °C si les couleurs sont chaudes.

CHAUDES-ACTIVES, FROIDES-PASSIVES

La couleur la plus chaude est le orange, tandis que la couleur la plus froide est le bleu, sa couleur complémentaire et opposée sur le cercle chromatique. On dit aussi que les couleurs chaudes sont « actives », et les couleurs froides « passives ».

Couleurs claires, sourdes ou saturées

Quelques termes pseudo-techniques permettent de qualifier les couleurs selon leur tonalité, leur degré de clarté ou de pureté, selon qu'elles contiennent du blanc, du noir, ou aucun des deux.

BON À SAVOIR...

C'est le degré de clarté ou d'obscurité qui définit la valeur d'une couleur. Plusieurs valeurs d'une même teinte produisent ensemble un dégradé.

La clarté d'une couleur est déterminée par la quantité de blanc ou de noir qu'elle contient: elle est d'autant plus claire qu'elle contient de blanc, et inversement d'autant plus sombre qu'elle contient de noir. On évalue le degré de clarté d'une couleur en la comparant à la gamme des gris neutres.

Une couleur est dite *saturée* lorsqu'elle ne contient ni blanc, ni noir, ni couleur complémentaire. On dit aussi qu'elle est pure.

Une couleur est dite *sourde* quand son éclat est atténué par l'ajout de noir. On parle aussi de demi-teinte ou de couleur grisée.

Tons neutres : Ce sont les teintes issues du beige, du blanc, du noir, du gris et leurs nuances.

VOCABULAIRE...

Tonalité = teinte = ton = couleur

Rasante, la lumière révèle la matière d'une couleur
et le relief d'un revêtement dans un jeu subtil de clair-obscur.
Si la pièce ne doit comporter qu'un seul mur de couleur,
on le choisit de préférence perpendiculaire à l'entrée de lumière.

Couleur et lumière

Pas de couleur sans lumière. Naturelle, la lumière varie selon l'orientation, le moment de la journée ou la période de l'année. Plus ou moins chaude, douce ou brutale, à profusion ou confidentielle, elle en détermine la perception.

TEMPÉRATURE DE LUMIÈRE

Quelle que soit l'orientation, la lumière varie au cours de la journée, plutôt froide à midi en raison de sa forte proportion de bleu, plus chaude le soir à cause de la diffusion des ondes bleues à travers les couches de l'atmosphère. Elle est également plus rouge en hiver qu'en été.

Les couleurs vives et chaudes peuvent devenir visuellement fatigantes sous une lumière du sud. On privilégie alors des **demi-teintes** et des **tons plus sourds**.

Une pièce orientée au sud ou à l'ouest autorise toutes les nuances de gris, la lumière abondante et l'ensoleillement éliminant tout risque de tristesse.

LUMIÈRE D'ARTISTE

Orientée au nord, une pièce ne voit jamais le soleil. Mais sa lumière constante, idéale pour les ateliers d'artiste, peut devenir triste. On n'hésite donc pas à utiliser des couleurs chaudes, dans des versions saturées, qui donneront plus d'intimité à la pièce. Si la préférence est accordée aux tons clairs, on évite les couleurs à base de vert ou de gris pour préférer celles à base de jaune.

L'orientation de la lumière qui pénètre dans la pièce détermine aussi la perception des couleurs qui s'y trouvent. On en tient compte au moment du choix.

Si le *blanc* est LA solution pour valoriser la sensation d'espace, il peut devenir réfrigérant dans la lumière froide d'une orientation nord. Pour éviter cette sensation, on le préfère teinté de jaune et on lui additionne des tons naturels plus chauds.

Frais par nature, le *vert* l'est encore davantage lorsqu'il est éclairci. On le réserve de préférence à des pièces qui laissent entrer le soleil.

LUMIÈRE DU JOUR

Autant que possible, une couleur se choisit à la lumière du jour car l'éclairage artificiel (celui du magasin en premier lieu) peut la modifier selon la nature de la source. L'idéal est de pouvoir visualiser en situation des échantillons aussi grands que possible, ce que permettent désormais beaucoup de fabricants de peinture en proposant des pots échantillons de 50 ou 100 ml, voire des échantillons de grande taille déjà réalisés.

D'EST EN OUEST

Les orientations est et ouest ont l'avantage de faire entrer le soleil à l'intérieur car il est plus bas sur l'horizon.
À l'est, la lumière bleutée porte naturellement vers des tons de bleu et de vert mais se réchauffe avec des harmonies chaudes.
À l'ouest, la lumière plus rouge s'accorde bien avec tous les tons chauds mais s'apaise grâce à des teintes froides. Tout dépend du résultat recherché.

Lumière et ombre forment un duo indissociable et mutuellement valorisant. On évite donc les lumières trop fortes qui écrasent les teintes les plus subtiles.

Artificielle, la lumière est plus stable mais aussi plus figée. En outre, elle est très variable selon la nature des sources dont il est utile de connaître les principales caractéristiques.

La lumière incandescente restitue avec fidélité les couleurs, mais sa forte consommation d'énergie en fait une source désormais délaissée au profit de certaines sources halogènes (fidèles), fluo-compactes ou de LEDs dont la fidélité est variable.

TEMPÉRATURE DE COULEUR

Elle renseigne sur la nature des couleurs produites par la lampe. Plus elle est basse (environ 2 700/3 000 K), plus la lumière est chaude comme celle d'une fin de journée. C'est le cas pour les bougies ou les lampes incandescentes. Inversement, une température de couleur élevée (à partir de 4 500 K) produit une lumière froide chargée de bleu qui s'apparente à celle d'un soleil au zénith.

Du jour à la nuit:

Les rubans de LEDs fournissent une lumière blanche et crue nécessairement indirecte pour ne pas être aveuglante, tandis que la source incandescente de la lampe de bureau apporte sa touche de chaleur pour redonner au revêtement sa couleur turquoise.

COULEURS CHANGEANTES

Deux couleurs peuvent paraître semblables sous une lumière et différentes sous une autre. Nommé métamérisme, ce phénomène rappelle à quel point il est important de choisir ses couleurs avec la bonne lumière.

INDICE DE RENDU DES COULEURS (IRC)

Il indique la capacité de la source lumineuse à restituer fidèlement les couleurs. La lumière naturelle dispose d'un IRC idéal de 100, comme les sources incandescentes et les sources halogènes, les LEDs et les sources fluorescentes ayant des IRC variables selon leur composition. À noter, l'IRC n'a pas de lien avec la quantité de lumière et on n'améliore pas un mauvais rendu des couleurs en augmentant la quantité de lumière.

Composer dégradés et camaïeux

L'affaire se corse lorsqu'il s'agit d'assembler les couleurs entre elles pour composer des harmonies.
La plus simple des solutions consiste à décliner la même teinte en différentes valeurs pour créer un dégradé. Plus subtil, le camaïeu repose sur l'association de plusieurs nuances d'une même couleur.

Faciles à réaliser et sans risque, ***les camaïeux*** sont toujours raffinés et ont l'avantage de plaire au plus grand nombre, mais il est souvent nécessaire de les dynamiser par des touches plus foncées du même ton.

MINUTE CULTURELLE

À l'origine, le camaïeu désigne une peinture dont le sujet principal est d'une seule couleur contrastant avec la couleur de fond (blanc sur bleu, blanc sur rouge, etc.) imitant en cela les camées. Il souvent utilisé pour imiter les bas-reliefs, l'exemple le plus courant étant celui de la « grisaille » (ou clair-obscur), très pratiquée au XVe siècle, qui n'utilise que des nuances d'une même couleur afin d'imiter le marbre ou la pierre.

Très simple à réaliser, ***le dégradé*** peut se faire à partir d'une couleur préférée et produit un résultat tout en nuances. Il offre une jolie solution pour animer les portes d'un palier tout en préservant une certaine uniformité.

Les multiples ***nuances de gris*** qui animent les portes de ces casiers composent ensemble un subtil camaïeu. En effet, il ne s'agit pas seulement de valeurs différentes d'un même gris mais de différentes nuances obtenues grâce à l'ajout de bleu, de vert, de rose...

BON À SAVOIR...

Traditionnellement et pour un résultat classique, on préserve le ton le plus clair pour les plus grandes surfaces et les tons plus soutenus pour des apports plus modérés. Néanmoins, l'inverse se pratique également si l'on veut accorder davantage d'intimité ou de caractère à la pièce.

Composer des harmonies de couleurs voisines

Un peu plus élaborées que les camaïeux mais d'une difficulté très relative, les harmonies composées de couleurs voisines consistent à assembler trois à quatre couleurs proches sur le cercle chromatique.

DOMINANTE ET TONIQUES

La réussite des harmonies de couleurs proches repose en grande partie sur le principe de la couleur dominante et des couleurs toniques. En clair, les couleurs luttent entre elles lorsqu'elles sont utilisées à part égale. Il est donc nécessaire d'accorder une plus grande importance à l'une d'elle: c'est la couleur dominante. La, ou les autres couleurs sont les couleurs toniques, indispensables pour faire « vibrer » l'harmonie.

L'avantage de ce principe d'harmonie est de produire des résultats très différents selon l'importance accordée à chaque couleur. Ici le vert clair domine pour une **atmosphère tendre et fraîche**, malgré tout dynamisée de touches de violet et de turquoise aux tonalités plus fortes.

BON À SAVOIR...

Pour les plus timides, ce type d'harmonie se compose aussi avec deux couleurs proches, dont on décline l'une des deux en deux tonalités pour un résultat moins plat et surtout plus subtil.

Les harmonies de couleurs voisines se déclinent à l'infini à partir d'un même groupe de couleurs selon l'importance donnée à chacune d'elle mais aussi selon leur nature, vive, saturée, pastel ou grisée.

Cette fois, c'est un **violet clair** qui domine pour donner naissance à une atmosphère radicalement différente, pourtant créée à partir des mêmes couleurs.

Turquoise, bleu et violet: trois couleurs voisines sur le cercle chromatique, utilisées ici dans des versions denses et des tonalités plutôt foncées, et à parts quasi égales.

Composer des harmonies complexes

Ces harmonies ne sont pas aussi complexes qu'elles le paraissent. Leur principe consiste à assembler trois couleurs proches sur le cercle chromatique avec une quatrième, cette fois complémentaire et donc située à l'opposé sur le cercle chromatique.

L'harmonie est créée à partir des tissus composant les trois duvets et certaines têtes de lit – une méthode beaucoup plus simple que la méthode inverse qui consisterait à rechercher des duvets assortis aux couleurs choisies...

Orange + rouge orangé
le dynamisme apporté par le orange est appuyé par quelques touches de rouge orangé, lui aussi complémentaire à la gamme de base.

turquoise clair + turquoise:
L'harmonie est plus riche grâce aux différentes valeurs des mêmes couleurs.

C'est de la couleur des duvets que sont extraites les trois teintes principales des rayures murales. Proches, elles composent une harmonie simple que vient dynamiser l'apport d'un orange, qui leur fait face sur le cercle chromatique.

Composer des contrastes

Souvent audacieux, les contrastes sont en réalité très accessibles et plus faciles à réaliser que certaines harmonies plus élaborées. Ils ont l'avantage d'être sans ambiguïté et de provoquer des avis tranchés. En général, on aime ou pas. Pas de demi-mesure.

RESTER SOBRE

Pour rester supportables et ne pas fatiguer le regard, les contrastes réclament un peu de mesure et une certaine sobriété. On évite donc d'en abuser et on préfère une finition mate à une finition brillante plus clinquante.

Contraste clair-obscur: le contraste peut naître de simples jeux d'ombre et de lumière.

TOUS LES CONTRASTES

Un contraste naît de différentes oppositions, qui peuvent s'additionner entre elles:
- de deux couleurs complémentaires,
- de deux couleurs différentes mais d'égale valeur,
- d'une couleur chaude avec une couleur froide,
- d'un clair-obscur,
- d'une différente de quantité ou, plus subtil, de qualité.

Contraste de quantité: les touches de orange viennent ponctuer un premier contraste de base de noir et de blanc.

Contraste de complémentaires: le violet associé aux couleurs lui faisant face sur le cercle chromatique. On peut aussi parler de contraste de quantité car il est clairement majoritaire.

S'inspirer, copier, reproduire

L'envie seule ne suffit pas pour passer à la couleur. Il lui faut un socle pour se poser. C'est le moment de puiser l'inspiration partout où elle se trouve et de se laisser guider par son instinct.

LE GOÛT DES AUTRES

Le dicton « On ne discute pas du goût et des couleurs » a sa part de bon sens tant la perception des couleurs varie à travers le monde, selon la culture, mais aussi l'éducation et le milieu social. Le « bon goût » ne définirait en fait que « ce qui ne dérange pas », ce qui « est conforme à l'habitude ».

INSPIRATIONS

Tout peut être source d'inspiration. Les fleurs d'un jardin, la haute couture, les photos de paysages, de voyage et de vacances. Certaines harmonies génèrent une sorte de familiarité, une immédiate sensation de bien-être. Ce sont vers elles qu'il faut se laisser porter.

LA MODE SE DÉMODE…

Des livres entiers sont écrits sur la symbolique des couleurs, sur leur signification à travers le temps ou le monde. Mieux vaut se détacher de ces considérations, certes passionnantes, pour se lancer sans complexe et sans crainte dans ce vaste domaine. Rien ne vaut l'instinct et la sincérité pour choisir des couleurs sources de bien-être. On se méfie donc des courants de mode, impersonnels et éphémères, dont on risque de se lasser très vite.

Avant, un beau parquet aux reflets blonds, une belle lumière, du blanc impersonnel partout.

La mise en couleur des corniches et du soubassement encadre les surfaces murales qui semblent ainsi plus petites, faisant également paraître le plafond plus bas qu'il ne l'est réellement.

Cette fois le blanc pur laisse sa place à un **blanc grisé** plus subtil, valorisé par un subtil camaïeu de gris. L'esprit est plus classique et traditionnel.

Oser, ça change tout!

Le blanc indémodable a fait ses preuves. Certes, il agrandit les espaces, diffuse la lumière, et ne se démode pas.
Il est d'ailleurs si indémodable qu'il n'a jamais été à la mode, du moins dans la version dénuée de subtilité qui couvre les murs des appartements neufs. Alors, on passe à la couleur?

Noir et placé plutôt bas, l'abat-jour du lampadaire contribue à « fermer » le volume et à réduire la sensation de hauteur.

Une fois encore, **le blanc est préservé** sur les murs, simplement animé d'un décor mural aux couleurs toniques.

Le soubassement et les meubles noirs attirent l'attention vers le bas, « assoient » le volume, et font oublier la grande hauteur sous plafond.

Le choix du noir et blanc donne naissance à un esprit à la fois classique et très graphique tout en préservant la luminosité de la pièce.

Aucun accent n'est mis sur le soubassement mouluré ou les corniches qui disparaissent dans une mise en couleur uniforme.

Ce sont les meubles et les accessoires qui composent ensemble l'harmonie très « fifties » de ce séjour. Un bon moyen de tout changer sans toucher aux murs, idéal pour des locataires.

Passer à la couleur, c'est avant tout donner de la personnalité et du caractère aux espaces.

Il fallait oser passer d'un duo passe-partout ivoire et blanc au contraste flamboyant d'un rouge sanguin avec du noir. On aime, ou pas, mais on ne peut contester le caractère théâtral qu'a acquis la cage d'escalier avec cette mise en couleur audacieuse.

En tant que lieux de passage, les couloirs et les escaliers se prêtent volontiers aux démarches audacieuses et aux couleurs fortes car le risque de fatigue visuelle est moins grand que dans des pièces où l'on séjourne longuement. En outre, ils acquièrent ainsi un caractère qui leur manque souvent.

Avant transformation, le listel vert en bordure de plafond et la plinthe haute de la même couleur évoquent une tentative pour réduire visuellement la grande hauteur sous plafond, mais trop timide pour être efficace.

La nouvelle mise en couleur a permis de modifier efficacement la perception de ce volume manquant d'intimité: plinthes, plafond et retombées murales permettent de réduire les surfaces murales restées blanches et de réduire ainsi visuellement la hauteur sous plafond.

Le changement de revêtement de sol contribue lui aussi au relookage de la pièce, renforçant ici par son jeu de damiers le caractère très graphique du noir et blanc.

Esprit très graphique pour la nouvelle version de cette salle de bains, malgré tout dans le respect de son caractère ancien.

Couleurs & volume

Sources de beauté et de plaisir, les couleurs sont aussi d'incroyables instruments pour influencer la perception de l'espace. En détournant l'attention ou en captant le regard, elles peuvent faire oublier certains défauts de proportions, valoriser des détails architecturaux ou favoriser l'intimité d'une pièce qui en manque.

L'aplat blanc tend à éloigner cette partie du mur et crée ainsi un effet de perspective valorisant pour les étagères.

L'aplat beige grisé a tendance à rapprocher le mur du fond.

Attirer l'attention avec un aplat

Créer un aplat est la démarche idéale pour faire le premier pas dans le monde de la couleur. Facile à réaliser, il ne concerne qu'un seul mur et une seule couleur.
Pas d'harmonie à composer. Juste quelques astuces à connaître pour réussir son effet.

L'aplat est un bon moyen de signaler différentes zones d'activité au sein d'un grand espace : l'œil perçoit la différence de couleur comme le signe d'un lieu où il se passe « autre chose ».

L'aplat du mur et la couleur du sol composent à deux le début d'une harmonie que peuvent facilement compléter des accessoires (coussins, petit mobilier, rideaux...)

GAGES DE RÉUSSITE...

Pour produire son effet, un aplat doit être vu en entrant dans la pièce, avec un certain recul. On évite donc le mur de la porte d'entrée qui ne sera découvert qu'en faisant demi-tour. Dès que c'est possible, on privilégie un mur perpendiculaire aux entrées de lumière, plus valorisant pour la couleur. Par contre, on évite de placer l'aplat sur le mur des fenêtres, car la couleur y est vue à contre-jour. Enfin, on préfère une finition mate qui lui donne plus de caractère.

COULEUR DE CARACTÈRE...

L'aplat doit apporter du caractère à la pièce. Il est donc important que sa couleur en dispose. On évite donc les tons éteints et les couleurs pastel qui peuvent en manquer.

Attirer l'attention avec des « zoning »

On appelle ainsi les versions plus élaborées de l'aplat. Il ne s'agit plus de couvrir l'intégrité d'un mur mais de créer des zones de couleurs significatives, destinées à valoriser des éléments d'architecture, mais aussi à délimiter certaines fonctions, voire à introduire un peu d'humour dans la décoration.

Réalisée en peinture, la tête de lit introduit la couleur dans cette chambre blanche dont l'harmonie peut être changée facilement et sans générer beaucoup de frais.

DÉCO FACILE

Le zoning permet de créer une tête de lit à peu de frais, de délimiter l'espace de chacun dans une chambre pour deux ou de marquer l'emprise d'un bureau. En outre, il n'exige pas de grandes compétences de coloriste puisqu'il s'agit de choisir une seule couleur.

L'esprit du zoning ne concerne pas que les murs : ***la même bande verte encadre la pièce***, court du sol au plafond en traversant les vitrages.

L'effet de niche est généré par le retour de peinture créé d'égale profondeur à la poutre et au poteau.

La mise en couleur d'un simple renfoncement en fait un élément décoratif qui oriente la pièce et lui apporte davantage de caractère.

Le changement de la couleur de la niche montre à quel point elle est déterminante dans ce décor immaculé.

MATÉRIEL MINIMUM

Comme l'aplat, le zoning se réalise avec un pot de peinture et du scotch de masquage pour délimiter avec soin les zones à peindre. On ne lésine pas sur sa qualité, surtout si on n'est pas un expert du pinceau, car de sa bonne adhérence dépend la netteté des cadres. Le scotch de masquage s'enlève avant séchage complet pour éviter de décoller une partie de la peinture avec lui. Si une deuxième couche doit être réalisée (on a donc laissé le scotch en place entre les deux couches...), on s'évite une éventuelle déconvenue en passant avec légèreté une lame de cutter en bordure du scotch.

Faciles à réaliser, les zoning offrent un moyen facile et économique de personnaliser des pièces qui manquent de caractère.

Le graphisme marque l'horizontalité et ramène le regard vers le bas – une façon de faire oublier l'effet « cathédrale » généré par la grande hauteur sous plafond.

La peinture couvre le mur et le meuble, prolongée au sol par un tapis de la même couleur.

Entre aplat et zoning, la mise en couleur du mur sacralise le coin séjour de ce grand espace.

Le zoning peut aussi devenir ***une démarche ludique.***

Dans cette pièce à vivre plutôt chargée, ***un simple rectangle rouge*** peint sur le mur oriente et structure le séjour.

UN PEU DE MESURE

Le zoning est une démarche qui exige une certaine sobriété. On évite de la multiplier au risque de lui faire perdre son sens. Un à deux zoning par pièce est un maximum. On attribue une couleur à chacun de façon renforcer leur caractère.

Ouverte sur la pièce à vivre, l'entrée est clairement matérialisée grâce à sa mise en couleur.

Redessiner des niches

Accident de surface, vide au cœur du plein, les niches créent du relief qu'une mise en couleur peut valoriser ou, à l'opposé, atténuer ou faire disparaître.

L'environnement noir des niches accentue leur profondeur par contraste.

Vertical, l'éclairage n'est intéressant que si les étagères sont en verre.

Rasant, l'éclairage valorise la matière des surfaces.

Élaborée et déterminée par les étagères elles-mêmes, la mise en couleur produit le même résultat qu'une mise en couleur uniforme et atténue le relief de la niche.

L'environnement blanc a tendance à réduire visuellement la profondeur des niches mises en couleur.

La mise en couleur des niches apporte une ponctuation dynamique à cette ambiance monochrome.

Le relief des niches en surépaisseur aurait été davantage accentué avec une mise en couleur extérieure couleur extérieure qui les aurait dissociées du mur.

L'horizontalité des niches attire vers le bas le regard ainsi détourné de la grande hauteur sous plafond.

Une mise en couleur contrastée transforme la niche en élément fort du décor.

Une mise en couleur uniforme tend à faire oublier la niche et son relief.

LA PROFONDEUR DES NICHES

Les couleurs foncées et chaudes rapprochent, alors que les couleurs claires et froides éloignent – un principe qu'on utilise pour accentuer ou atténuer la profondeur d'une niche:

Fond clair + côtés foncés = profondeur accentuée
Fond foncé + côtés clairs = profondeur réduite.

Identique sur toutes les faces de la niche, la couleur n'a d'impact sur la profondeur que si elle contraste avec celle du mur:

Mur clair + niche sombre = profondeur réduite,
Mur foncé + niche claire = profondeur accentuée.

Créer des perspectives

La circulation d'une pièce à l'autre, l'ouverture des portes, ou les passages ouverts mettent en relation différents univers colorés dont la juxtaposition doit être anticipée pour ne pas générer de cacophonie visuelle, mais aussi pour valoriser certaines perspectives.

La mise en couleur de la salle à manger fait suite à un premier plan bicolore et plus sobre.

Grâce à sa couleur foncée, le moulurage de la porte joue le rôle de cadre valorisant.

L'effet de perspective est accentué par les ancrages rouges disséminés dans la pièce, permettant à l'œil de faire le lien.

En suivant la pente d'escalier, le soubassement rouge semble indiquer le sens de la montée.

Associé à un plafond foncé, le rouge dense resserre l'espace du premier plan et valorise par contraste la clarté de la seconde pièce.

la teinte claire du mur du fond en accentue l'éloignement.

Les couleurs permettent d'accentuer certaines perspectives existantes, valorisant ainsi des échappées visuelles toujours reposantes pour le regard.

Le foncé rapproche, le clair éloigne.

On atténue l'effet couloir des pièces en enfilade en privilégiant les couleurs foncées pour les plus lointaines et plus claires pour les premiers plans. On privilégie également une harmonie globale entre les pièces successives pour ne pas générer de choc en passant de l'une à l'autre.

L'effet de perspective est accentué par le meuble du même vert qui offre au regard un point d'ancrage avant de s'échapper.

Choisi pour valoriser l'intimité du séjour, le **gris anthracite** valorise par contraste le vert vif de la cage d'escalier aperçu à travers un passage ouvert.

LA COULEUR À PORTÉE DE MAIN

Réaliser un nuancier en peignant toutes les contremarches d'un escalier dans des couleurs différentes est tentant, un peu moins peut-être au moment de passer à la caisse avec une petite vingtaine de pots de peinture... sans parler du gaspillage de peinture car il en faut peu pour une seule contremarche. Une solution économique (5 à 6 euros la contremarche), pratique (pas de colle, peu d'outils) et rapide consiste à avoir recours à des stickers, commandés sur mesure et dans les couleurs de son choix (83 teintes mates, 41 brillantes). La seule contrainte: que la surface soit lisse et propre (www.likeacolor.com). À noter, ces stickers s'enlèvent aussi facilement qu'ils se posent – un détail intéressant pour les locataires et ceux qui aiment changer souvent de décor.

L'harmonie globale est créée grâce à l'utilisation de couleurs grisées pour les deux espaces.

Harmonie chaude dans la chambre.

Harmonie froide pour le palier d'étage.

La perspective de l'escalier est accentuée avec une mise en couleur qui préserve les couleurs foncées au premier plan et les plus claires au fond: sa longueur est ainsi visuellement augmentée.

Seules les contremarches sont mises en couleur – une façon de préserver une unité d'ensemble tout en créant un effet nuancier.

Agrandir l'espace avec des couleurs claires

On attribue aux couleurs claires la capacité de faire reculer les murs et d'offrir ainsi une plus grande sensation d'espace.
On en use donc dès que cette sensation est recherchée, mais sans en abuser car elles ne sont pas les mieux placées pour générer une atmosphère intime et chaleureuse.

Le soubassement légèrement plus foncé et le parquet en chêne offrent une assise à la pièce.

Trop de blanc et de couleurs claires peuvent donner une impression de flottement.

On accorde aux couleurs froides le même caractère fuyant qu'aux couleurs claires, considérant qu'elles accrochent moins le regard et donc qu'elles donnent une sensation d'espace plus grand qu'il ne l'est réellement.

UN POUVOIR RELATIF

S'il est réel, le pouvoir des couleurs claires pour agrandir l'espace est cependant relatif. Une petite pièce peut gagner davantage de caractère avec des couleurs sombres qu'elle ne gagnera de sensation d'espace avec des couleurs claires. Il est donc parfois inutile de s'acharner.

La couleur la plus claire est réservée à la plus grande surface.

On augmente d'une valeur ou d'un ton au fur et à mesure des surfaces à couvrir, de façon à créer ainsi un effet de perspective qui ne fait qu'accentuer le trucage.

Attention, les dégradés génèrent une monochromie qui peut manquer de caractère.

Agrandir en privilégiant l'unité

Pour agrandir visuellement une surface, on en réduit les fractionnements, les ruptures de plans et de couleurs. Ce principe vaut aussi pour les appartements dont on cherche à faire oublier l'exiguïté et pour lesquels on privilégie une harmonie globale déclinée de pièce en pièce.

Côté séjour, le vert domine, très enveloppant avec son aplat mural et son tapis de la même tonalité.

DUO COMPLÉMENTAIRE

Dans ce petit appartement de 30 m² où les différentes fonctions ne sont pas cloisonnées, une harmonie globale a été privilégiée pour éviter toute rupture visuelle. Adouci par un chêne clair qui crée le lien, un duo contrasté de rouge et de vert se décline ainsi du séjour à la cuisine, en passant par la salle de bains. Une certaine subtilité peut être obtenue en privilégiant l'une ou l'autre couleur selon les fonctions.

Côté salle à manger, le rouge reprend le dessus et habille le podium d'accès à la salle de bains. Le vert n'apparaît plus qu'en touches ponctuelles.

Dans la cuisine, le rouge disparaît et le bois domine. Identique à celui du séjour, le vert n'apparaît que sur le plan de travail.

La salle de bains n'échappe pas au duo vert et rouge, cette fois déclinée en rayures sur le carrelage.

Favoriser l'intimité

À l'opposé des couleurs claires qui repoussent les murs, les teintes sombres ont tendance à accrocher le regard et à resserrer l'espace auquel elles accordent davantage d'intimité – une capacité très utile dans les grands volumes ouverts et déstructurés.

Le gris charbonneux habille les murs jusqu'à une hauteur d'environ 2,20 m, ramenant ainsi le séjour à de plus justes proportions.

La profusion de lumière et les grands volumes ne favorisent pas le sentiment d'intimité.

Le traitement de la partie basse des murs dans une couleur sombre resserre le volume et capte le regard, sans nuire pour autant à la sensation d'espace offerte par le plafond blanc.

SECRET D'ALCÔVE

Symboles d'intimité, les alcôves peuvent être créées grâce à de simples jeux de couleurs, la plus sombre d'entre elles créant l'effet de renfoncement recherché. Elles permettent ainsi de créer un sentiment d'intimité dans de grands espaces ou dans des espaces partagés comme les chambres d'enfant.

L'aplat sombre offre un caractère plus intime au séjour malgré une grande hauteur sous plafond. Il contribue en outre à rapprocher visuellement le mur du fond.

La teinte sombre du revêtement de sol contribue à resserrer l'espace.

Le noir valorise le caractère d'alcôve de cette chambre en retrait ne disposant d'aucune entrée de lumière.

Corriger un plafond trop haut

Une pièce perd en intimité dès qu'elle gagne en hauteur sous plafond. Plusieurs moyens permettent d'atténuer cet inconvénient, parmi lesquels celui consistant à « fermer » le volume en traitant le plafond dans une couleur sombre. Une démarche parfois audacieuse mais toujours efficace.

Le traitement en gris foncé du plafond crée le caractère enveloppant attendu et resserre le volume.

Traitées dans une teinte sombre, la charpente et les soupentes disparaissent dans une pénombre uniforme, ramenant le regard et l'attention vers le bas.

la couleur de la soupente est descendue pour accentuer le trucage visuel.

Le sol et les murs sont traités dans la même couleur pour générer une sensation enveloppante, propice à l'intimité de la chambre.

COMME UN COUVERCLE...

Si une pièce était une boîte, le plafond serait son couvercle. Blanc, il donne la sensation d'une boîte ouverte, encore accentuée si les murs sont sombres. Foncé, voire noir, il ferme la boîte. Tout simplement.

Le traitement uniforme des murs et du plafond, de surcroît dans une teinte forte, accentue l'intimité de cette salle à manger d'été – une sensation qui reste confortable grâce à la hauteur suffisamment importante.

Le traitement des plinthes dans la même couleur que le plafond génère un encadrement des surfaces murales, ainsi visuellement réduites.

Mettre l'accent sur l'horizontalité de la pièce permet d'attirer l'attention vers le bas et de faire oublier une trop grande hauteur.

Une simple bande blanche inscrite dans l'aplat gris suffit à marquer l'horizontalité, transformant la partie basse en un soubassement qui accorde davantage d'intimité à l'espace du séjour.

L'horizontalité est accentuée par une large bande haute qui semble s'extraire des étagères, telle la ligne de fuite d'une perspective.

Plus sombre, le soubassement couvre la moitié de la hauteur murale et réduit ainsi visuellement la hauteur des murs.

La large bande horizontale encadre la pièce et ramène le regard vers le bas.

DÉTOURNER L'ATTENTION

C'est toujours un moyen efficace pour faire oublier un défaut, quel qu'il soit. D'une façon générale, on privilégie les teintes sombres, denses ou saturées qui accrochent davantage le regard.

L'horizontalité est accentuée par la mise en couleur différenciée des voliges qui composent ce soubassement.

Les rayures les plus foncées encadrent le soubassement, marquant ainsi le contraste avec les surfaces claires du sol et du mur.

Couvrant presque la moitié de la hauteur, le soubassement « leste » les murs et leur offre une assise visuelle. Sa couleur chaude et dense capte l'attention et accorde ainsi davantage d'intimité au séjour.

Décoratifs, les soubassements ont pour effet de fractionner les surfaces murales et de les faire ainsi paraître plus petites.

LA BONNE HAUTEUR

Traditionnellement, un soubassement occupe un tiers de la hauteur du mur, soit environ 80 cm pour une hauteur sous plafond de 2,40 m. Plus il est haut, plus il est susceptible de réduire visuellement la hauteur de la pièce. À l'inverse, avec une hauteur inférieure à un tiers, il n'a d'impact sur la perception de la hauteur que si sa couleur est forte ou contrastante.

Un soubassement assure d'autant mieux sa fonction que sa hauteur est importante et que sa couleur contraste avec celle du mur. Ces conditions remplies, il peut être plus clair que le mur.

Peinte dans le même bleu encre que le soubassement, la console d'esprit Louis XV en fait désormais partie intégrante – une idée originale qui tempère le classicisme du meuble et du soubassement mouluré.

Corriger un plafond trop bas

Si une grande hauteur sous plafond nuit à l'intimité d'une pièce, un plafond trop bas peut générer une inconfortable sensation d'oppression. Une fois encore, une bonne utilisation des couleurs permet d'atténuer ce ressenti, en particulier en accentuant la verticalité de la pièce.

Interrompue à l'angle, la mise en couleur du pan de mur apparaît comme une large bande verticale.

Habillé de blanc, le couloir apparaît à son tour comme une rayure contrastante.

Deux larges bandes signalent l'accrochage des assises murales et complètent cette composition qui marque la verticalité de l'espace.

Pour ne pas générer un effet barreaudage peu séduisant, on réserve les rayures à un seul pan de mur.

L'effet des rayures est d'autant plus efficace qu'elles sont contrastées et rapprochées.

Pour ne pas créer de sensation de flottement, on lui donne du sens en l'associant à une fonction, comme on le fait avec les démarches de zoning (ici le bureau).

La verticalité est accentuée par l'***éclairage indirect*** des deux hauteurs.

Les rayures verticales accentuent la hauteur sous plafond autant qu'elles allongent une silhouette lorsqu'elles sont portées.

HAUTEUR DE PLAFOND

La bonne hauteur sous plafond est celle qui donne de bonnes proportions à la pièce. Ainsi, si une hauteur de 2,40 m convient à une pièce de taille moyenne (de l'ordre de 15 à 20 m^2), elle devient insuffisante quand la surface augmente. Inversement, une hauteur sous plafond supérieure à 2,40 m n'apporte aucun confort supplémentaire à une petite pièce et nuit au contraire à son intimité.

À l'opposé de la simplicité de l'aplat, les rayures bayadères exigent une bonne maîtrise des couleurs et un peu de mesure car leur effet décoratif est fort.

Dix couleurs composent ces bayadères élaborées.

On réserve le caractère fort des bayadères à **un seul mur** et on l'apaise avec des aplats dont les couleurs sont extraites de la composition.

Les couleurs utilisées en aplat influencent la lecture des bayadères mais leur changement permet de modifier l'atmosphère sans tout changer.

RAYURES ÉLABORÉES

Les rayures bayadères sont composées de bandes de couleur contrastées – jusqu'à dix teintes différentes – et de largeurs irrégulières – de 1 à 20 cm.

SAVOIR-FAIRE

Outre une maîtrise des harmonies de couleurs, la création de bayadères réclame une bonne méthode et beaucoup de soin. Elles doivent d'abord être composées sur papier et chaque couleur numérotée. Les rayures sont ensuite tracées sur le mur en s'aidant d'un niveau et en prenant soin d'indiquer la numérotation sur chacune d'elles. On procède ensuite couleur par couleur, chaque bande étant délimitée par du scotch de masquage, enlevé avant le séchage complet de la peinture.

Seulement quatre couleurs additionnées au blanc composent ces bayadères très douces.

Créée sur un mur perpendiculaire à l'entrée de lumière, la composition bénéficie de la situation la plus valorisante.

On rend les bayadères plus accessibles en privilégiant ***un camaïeu de couleurs*** dont on réduit le nombre (ici, seulement quatre) et qu'on rythme avec des bandes blanches, mais on préserve les variations de largeurs de rayures qui les caractérisent.

Corriger un effet couloir

Ressenti dans des pièces étirées en longueur, l'effet couloir est l'un des plus facile à corriger grâce à de simples trucages optiques basés sur les contrastes de couleurs et les fractionnements de surface.

Les différentes couleurs de porte génèrent ***un fractionnement de la longueur***, comme le feraient des rayures verticales.

Prolongées sur le plafond, ***les rayures*** accentuent l'effet de fractionnement.

Composé dans un esprit bayadères, ***un jeu de rayures verticales fractionne la longueur du couloir***, le faisant paraître moins long qu'il n'est réellement.

LES BONNES RAYURES

Si les rayures verticales fractionnent la longueur et atténuent l'effet de perspective, des rayures horizontales ont l'effet inverse. Pratiques pour allonger une pièce jugée un peu courte, on les évite dans un couloir dont elles vont accentuer la longueur.

Le principe est le même, qu'il s'agisse d'un couloir, d'un escalier ou d'une pièce à vivre: ***on rapproche le mur du fond grâce à une couleur foncée***, et on l'encadre de part et d'autre de couleurs plus claires qui élargissent l'espace. Les lignes de fuite paraissent plus courtes et le mur moins éloigné.

Couleurs
Sources de désir

Si la composition d'harmonies s'effectue à partir de quelques règles de base, le choix des couleurs ne doit obéir qu'à un seul critère, celui du désir. De préférence détaché des courants de mode qui se démodent, il doit avant tout être guidé par le plaisir et les sentiments évoqués. Recherches d'intemporel, d'intimité, de douceur, de fraîcheur ou d'énergie? Autant de désirs que les couleurs peuvent satisfaire.

Désir d'intemporel

BLANC DE BLANC

Hors mode, le blanc demeure un symbole de pureté et de propreté, mais sa version immaculée réclame un peu de sophistication pour compenser un manque de caractère intrinsèque.

Le vrai raffinement du blanc réside dans la subtilité des nuances offertes par la diversité des matières, des matériaux et des finitions. On les additionne donc pour faire vibrer la lumière et créer des jeux d'ombres sources de relief.

ON EN TIENT COMPTE...

Évidemment salissant, le blanc n'est beau que propre. Il est essentiel de choisir des finitions de surface peu fragiles et faciles d'entretien, donc plutôt satinées, voire brillantes.

Le blanc est idéal pour **valoriser les lignes épurées d'un agencement contemporain.** On l'utilise alors en « total look », du sol au plafond, de façon à générer un caractère monolithique audacieux mais aussi un peu froid.

Le blanc pur des murs devient un faire-valoir pour tous les blancs nuancés qui s'y additionnent.

Le parquet offre une assise à la pièce et évite la sensation de flottement qu'aurait provoqué un sol immaculé.

Il existe autant de blancs nuancés qu'il existe de nuances. On distingue donc les familles de blancs chauds, grisés, bleutés, rosés... que l'on évite de mélanger entre eux pour ne pas générer de cacophonie, certes à bas bruit mais réelle.

QUEL RISQUE?

Celui d'évoquer le blanc provisoire des murs en attente de couleur... Pour éviter cette impression, le blanc pur doit être sophistiqué et arborer une finition laquée, ou inversement un fini très mat et poudré. L'idée est qu'il apparaisse comme un véritable choix et non pas comme une solution adoptée par manque de temps et d'imagination.

Désir d'intemporel

BLANC FROID, BLANC CHAUD

Le blanc est un miroir dans lequel se réfléchissent les couleurs et les matériaux qui lui sont associés. Il en adopte les reflets, se durcit ou se réchauffe selon les cas — une capacité à prendre en compte pour atteindre l'objectif recherché.

Toujours de bon ton, le mariage du beige et du blanc a besoin d'être réchauffé par des tonalités de bois, ici un peu trop claires pour jouer pleinement leur rôle.

Forcément contrastés, *les objets en bois offrent des repères visuels* et réorientent l'espace auquel ils redonnent une assise. Ils réchauffent également le blanc qui piège leurs reflets dorés.

le blanc immaculé habille uniformément toute la pièce du sol au plafond, en passant par le mobilier et les accessoires, au risque de générer une sensation de flottement.

Très doux, un blanc laiteux donne naissance à une ambiance claire et apaisante sans être froide.

Les nuances chaudes apportées par quelques meubles et accessoires renforcent le caractère chaleureux de ce blanc.

Élégants, les beiges et de bruns grisés ont le défaut de manquer de lumière et d'accentuer la froideur naturelle du blanc. On les marie donc avec précaution, en particulier si la pièce est orientée au nord.

ON EN TIENT COMPTE...

Sans risque et facile à réaliser, l'association blanc et bois blond est toujours réussie. On peut néanmoins lui reprocher un manque de subtilité et un caractère un peu binaire.

QUEL RISQUE?

Celui d'en faire trop, comme c'est souvent le cas dans le domaine de la décoration, et des couleurs en particulier. L'excès de blanc peut générer une atmosphère trop froide, trop neutre, stérile et dénuée de caractère...

Désir d'intemporel

ÉTERNEL DUO

Blanc et noir forment ensemble un duo graphique et chic aux infinies variations, selon l'importance accordée à chacun d'eux, mais aussi selon la nature et la finition des matériaux qui les portent.

Conçue comme un écran, la cloison se détache sur un fond noir et accentue ainsi son caractère mobilier.

Parquet et mur noirs composent une toile de fond qui valorise le graphisme de l'agencement.

Classique mais efficace, *l'apport d'une couleur tonique insuffle de l'énergie à ce duo* qui en manque parfois. On note que, apportée par des accessoires ou du mobilier, cette couleur peut facilement être changée selon les envies du moment ou de la saison.

ON EN TIENT COMPTE...

Les duos de noir et blanc ont l'avantage de donner du caractère aux pièces qui en manquent. Adaptés aux intérieurs minimalistes, ils sont faciles à réaliser mais peuvent devenir tristes, surtout si le noir domine. On n'hésite donc pas à leur additionner les tons chauds d'un bois doré ou d'un cuir vieilli, voire à les dynamiser avec une touche d'une couleur tonique comme un rouge ou un orange.

Contrasté par nature, le duo est idéal pour valoriser la géométrie et le graphisme des agencements très structurés.

Le bois clair du parquet offre une assise à toute cette blancheur sans en entamer la douceur.

Apporté en touches, **le noir apporte un rythme et une énergie** nécessaires à cette atmosphère un peu immaculée.

Si le parquet presque noir renforce le graphisme du duo en valorisant le monolithe blanc, **les bruns chauds du mobilier sont les bienvenus** pour adoucir la dureté du contraste.

Le caractère monolithique est accentué à la fois par le choix des matériaux (du Corian® pour le blanc) et l'absence d'accessoires débordants (ouverture par système pousse-lâche, pas de poignées apparentes).

QUEL RISQUE?

Celui de l'excès. Le duo noir et blanc est suffisamment graphique pour qu'on n'éprouve pas le besoin d'en rajouter avec des motifs géométriques, des effets de damiers et de rayures à répétition. On privilégie donc une certaine sobriété et un peu de mesure, et on apaise toujours avec de l'uni pour ne pas produire un résultat visuellement fatiguant.

Désir d'intemporel

TOUS LES NOIRS

Comme le blanc, le noir adopte une multitude de nuances, teinté de bleu, de vert ou de brun. Souvent utilisé comme faire-valoir pour les autres couleurs, il réclame une certaine audace pour tenir le premier rôle mais ne manque jamais de caractère.

L'ouverture sur une nature verdoyante est un bon moyen d'adoucir le caractère masculin du noir. L'huisserie, noire elle aussi, compose un encadrement valorisant pour la vue extérieure et la lumière qu'elle laisse entrer.

ON EN TIENT COMPTE...

Forcément sombre, le noir est le bienvenu lorsqu'il s'agit d'orienter ou de resserrer un grand espace, de lui accorder davantage d'intimité. Mais il permet aussi d'offrir du caractère à de petites pièces qui en manquent et que l'on s'obstine trop souvent à vouloir faire paraître plus grandes en usant et abusant de couleurs claires.

Les noirs diffèrent selon les matériaux qui les portent, s'animant ou non de reflets qui les valorisent mutuellement.

Le noir compose avec les tons de bois un duo équilibré et toujours très chic, d'autant plus chaud que le bois est doré.

Encadrée de zelliges ciselés (carreaux de terre cuite émaillés typiquement marocains, ciselés après émaillage), la cheminée joue le premier rôle.

Sans le savoir, ces chats blancs apportent les touches de lumière nécessaires dans cette atmosphère très sombre.

QUEL RISQUE?

Celui du manque de nuances. Trop de noir corbeau, trop sombre. En un mot, sinistre! On n'abuse pas des finitions mates pour éviter l'effet « grotte », et pour une fois on use de la brillance qui offre au noir son caractère sophistiqué.

Désir d'intemporel

IVOIRE, TOURTERELLE ET GALET

Ces appellations évocatrices sont attribuées à des gris et des beiges plutôt clairs, appréciés pour leur douceur. Ils composent ensemble des harmonies apaisantes, chics et indémodables, auxquelles on reproche parfois une certaine froideur, mais facilement compensée par l'addition d'un matériau ou d'une teinte chaude.

Le mur de pierre apporte son lot de nuances naturelles, des plus claires aux plus soutenues, grisées ou dorées. Il offre une base de départ idéale pour composer une harmonie de beiges et de gris, qu'on la préfère dans une gamme claire ou plus foncée.

QUEL RISQUE?

Celui de l'absence de caractère. Trop consensuel, trop doux, trop mou. À force d'être apaisantes, ces harmonies ne doivent pas devenir ennuyeuses.

Les harmonies de gris clair et de beiges doivent être dynamisées par l'apport de teintes plus soutenues pour ne pas devenir plates et ennuyeuses.

Contrairement à ce que l'on pourrait imaginer, l'appellation « grège » n'est pas une contraction de « beige » et de « gris », même si la couleur ainsi nommée semble en être le résultat. Ce beige clair teinté de gris est en réalité la couleur de la soie brute (*seta*) *greggia* en italien, qui lui a donné son nom.

ON EN TIENT COMPTE...

Si la perception des couleurs est subjective, les appellations qui leur sont données le sont aussi. La même couleur peut porter des noms différents, ou inversement, le même nom est attribué à différentes teintes (voir l'appellation « taupe »). Au moment du choix, on oublie si possible les noms et leurs évocations poétiques ou dépaysantes pour se concentrer sur la couleur elle-même.

Désir d'intemporel

PLOMB, NOISETTE ET CARAMEL

Plus soutenus, plus dorés, les gris et les beiges donnent naissance à des harmonies plus chaudes, souvent dotés de davantage de caractère et à l'origine d'atmosphères plus intimes et plus conviviales.

Les coussins sont des vecteurs de couleur très efficaces et peuvent déterminer à eux seuls l'harmonie d'une pièce dont la base est plutôt neutre. Les changer permet de renouveler le décor sans tout refaire.

Bois, osier, et vanneries additionnent leurs tons dorés aux gris chauds du canapé pour composer cette harmonie chaleureuse que le moindre rayon de soleil illumine.

Des gris presque noirs et des beiges presque bruns génèrent cette harmonie un peu masculine, uniquement composée par des matériaux bruts: bois, béton, pierre, ardoise, brique.

ON EN TIENT COMPTE...

Qu'ils soient clairs ou foncés, froids ou chauds, les beiges et les gris se marient facilement avec les gris clair et caramel, anthracite et ivoire, toutes les associations fonctionnent – ce qui n'est pas toujours le cas des gris ou des beiges entre eux. La réussite de ces harmonies repose donc sur le brassage des deux familles.

QUEL RISQUE?

Celui d'assombrir plutôt que réchauffer. Donner trop de place aux teintes foncées et aux contrastes, au risque de perdre en douceur ce que l'on gagne en caractère...

Le « taupe » gagne de l'énergie en étant associé à des tons plus foncés ou plus denses comme ces bruns ébène et ces noirs sources de contrastes. Le résultat est plus graphique et aussi plus actuel.

Désir d'intemporel

TAUPE DES VILLES, TAUPE DES CHAMPS...

S'il est un nom de couleur qui doit rappeler à quel point leur appellation est subjective et souvent dénuée de sens, c'est sans aucun doute le « taupe » utilisé pour nommer de nombreuses teintes appartenant en principe à la famille des beiges grisés dont aucune n'évoque la véritable couleur d'une taupe...

POURQUOI TANT DE SUCCÈS?

Ni clair, ni foncé. À la fois beige, gris, et brun. Classique et actuel malgré tout. Le marron grisé le plus souvent baptisé « taupe » a tout pour plaire au plus grand nombre, d'autant qu'il s'harmonise avec à peu près toutes les couleurs à condition qu'elles aient du caractère, blanc et noir compris. Il sera bientôt (si ce n'est fait) plus consensuel que le bleu.

Deux versions de taupe et blanc, avec des proportions différentes accordées à chacune des deux couleurs. Dans les deux cas, l'esprit est apaisant et élégant, que le style soit classique ou plus contemporain. Un peu impersonnel peut-être.

QUEL RISQUE?

Celui de manquer de personnalité car plaire au plus grand nombre n'est pas forcément bon signe... On lui apporte un peu d'énergie et de caractère grâce au mariage avec des couleurs qui en ont, donc à priori plutôt denses ou foncées.

Désir d'intemporel

EBÈNE, TABAC ET BOIS BRÛLÉ...

Grand classique de l'élégance à l'italienne, les harmonies composées par des nuances de gris anthracite, de bruns noirs, de camel et de tabac disposent d'une distinction qui n'est plus à démontrer.

L'esprit industriel des anciens locaux professionnels est facilement évoqué à travers des harmonies un peu sombres de brun noir (= bois brûlé), de beige et de noir. Une condition cependant: que la couleur soit aussi apportée par des matériaux bruts de finition.

Camel est le nom donné à un beige moyen doré, censé être la couleur du pelage d'un chameau. C'est une couleur élégante qui se marie avec tous les gris, du plus clair au plus foncé, mais aussi avec certains bleus denses qu'elle réchauffe.

QUEL RISQUE?

Celui de devenir un peu masculin, ce qui n'est pas forcément un défaut. On modère néanmoins cette tendance en privilégiant des beiges chauds et des matières douces et confortables.

SOURCES DE DÉSIRS: INTEMPOREL

Désir d'intimité

CHOCOLAT, CANNELLE ET BLEU PROFOND

La chaleur de l'un compense la soi-disant froideur de l'autre, tandis que la densité des deux resserre l'espace et lui accorde une plus grande intimité. C'est un duo quasi parfait, à la fois familier et audacieux.

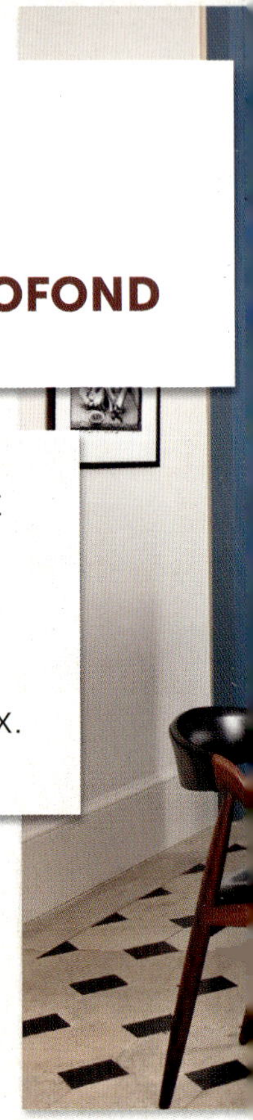

L'aplat bleu et le brun rouge de la baignoire auraient composé un duo un peu sec sans la vibration offerte par le mur de briques laissé apparent.

QUEL RISQUE?

Celui de la lassitude, car ce duo ne fonctionne vraiment qu'avec deux couleurs de valeurs fortes. En clair, c'est un peu ça ou rien!

Le caractère affirmé des deux couleurs permet ici de signaler l'emprise de deux fonctions différentes: le bleu pour l'espace cuisine, le brun chocolat pour le coin repas.

Le bleu domine avec l'aplat mural, les éléments textiles et les reflets du revêtement béton. Le brun chaud n'apparaît que ponctuellement, entre autres par l'intermédiaire d'une matière, le cuir, qui renforce son caractère.

ON EN TIENT COMPTE...

Le blanc et toutes les valeurs de bleu ou de brun sont les bienvenus pour adoucir ce duo parfois très contrasté. Une condition cependant: ne faire varier que l'une des deux couleurs. En clair, un seul brun avec différentes nuances du même bleu, ou inversement un seul bleu avec différentes nuances de la même famille de bruns.

Désir d'intimité

INDIGO, LAPIS-LAZULI, ET MERS DU SUD

Loin du « blanc qui agrandit » et des « beiges et gris » consensuels, les couleurs denses et souvent sombres ont un caractère très affirmé qui réclame un peu d'audace. L'intimité y gagne, le style aussi.

ON EN TIENT COMPTE...

Classés parmi les couleurs froides, les bleus et les verts ne le sont plus dès que leur densité augmente et que leur clarté diminue.

QUEL RISQUE?

Celui d'en faire à la fois trop et pas assez. Trop, si rien n'accroche la lumière, si les matières sont trop mates et les couleurs trop sombres. Le résultat peut alors devenir triste et étouffant. Pas assez, si la démarche n'est pas aboutie, si elle manque d'audace, si on introduit une couleur pastel pour « adoucir ». C'est le ratage assuré!

Le vert joue le rôle de couleur tonique dans cette harmonie à dominante bleue. Un rôle accentué par la brillance de sa matière.

Les finitions mates renforcent la profondeur des couleurs en absorbant la lumière, un caractère valorisé par contraste grâce à la brillance de quelques objets et matières qui en piègent les reflets.

Composée avec des couleurs voisines sur le cercle chromatique, l'harmonie s'apparenterait davantage à un camaïeu si les valeurs des différentes teintes étaient similaires. Elle acquiert ici beaucoup de caractère grâce à la densité du violet, éclairé par un bleu turquoise plus clair et plus lumineux.

Désir d'intimité

CASSIS, LIE DE VIN ET BORDEAUX

Ces appellations gustatives nomment des violets à dominante rouge. Ce sont des couleurs souvent théâtrales mais difficiles à utiliser car elles sont facilement tristes. On ne peut cependant pas leur contester un caractère affirmé qui les réserve aux plus audacieux.

Plus bleu, le bordeaux devient cassis et gagne en énergie et en gaîté. Il s'harmonise de préférence à des bruns chauds plutôt qu'à du noir avec lequel il compose un duo trop dur.

ON EN TIENT COMPTE...

L'éclairage est essentiel pour faire vibrer ces harmonies sombres. Plus que jamais, les jeux d'ombres et de lumière doivent être valorisés. Donc, pas d'éclairage trop direct, trop blanc ou trop fort. On privilégie les sources indirectes et diffuses, ponctuées de petites sources directes et ponctuelles pour garantir l'efficacité lumineuse.

Plutôt classique, la couleur bordeaux met facilement « un coup de vieux » à un intérieur déjà traditionnel. On atténue cette impression avec un traitement monochrome du moulurage et une finition mate plus actuelle.

La finition mate renforce le caractère de la couleur. Elle a l'avantage d'absorber la lumière et les défauts de surface, mais elle est poreuse et résiste mal aux taches, quoi qu'en disent les fabricants de peinture.

La luminosité de la chambre élimine tout risque de tristesse, bien que le noir soit très présent.

Le traitement graphique du sol capte l'attention et valorise la perspective de la pièce.

Le noir ramène le regard vers le bas, et favorise ainsi l'intimité de la chambre.

QUEL RISQUE?

Celui de devenir sinistre, les tons lie de vin, cassis et bordeaux pouvant facilement acquérir un caractère « gothique » quand ils sont associés à du noir. On contourne ce risque en introduisant un certain graphisme, toujours dynamique, et en additionnant du blanc par touches.

Mat et sombre, le rouge perd de l'éclat et du dynamisme mais gagne en profondeur, au point de devenir classique et sage.

Désir d'intimité

TERRE CUITE, BRIQUE ET ROUILLE

Les tons chauds ne sont pas en reste lorsqu'il s'agit de générer un sentiment d'intimité, une fois encore à condition de les préférer dans des valeurs plutôt sombres et denses. Ils ont en outre l'avantage de réchauffer la lumière froide du nord.

Les couleurs chaudes vibrent au moindre rayon de lumière. C'est leur avantage, et leur inconvénient. On modère donc leur utilisation dans les pièces baignées de soleil sous peine de les voir « s'embraser » à chaque éclaircie.

Un peu de brillance dans les textiles, quelques accessoires précieux, et l'harmonie acquiert facilement un caractère baroque raffiné.

QUEL RISQUE?

Celui d'en faire trop, comme souvent. Les couleurs chaudes resserrent les espaces et génèrent facilement un sentiment d'intimité. Inutile de trop les assombrir ou de les multiplier. En outre, leur gaîté naturelle doit être tempérée par des finitions sobres et des surfaces unies, au risque de verser dans le folklorique.

Désir de douceur

PERVENCHE, PARME ET VERT-DE-GRIS

Plus subtiles que les couleurs éclaircies au blanc, les teintes grisées sont obtenues par addition de noir ou de leur couleur complémentaire.
Elles y laissent un peu de leur éclat d'origine mais y gagne beaucoup de douceur.

Toutes grisées et de même valeur, **les teintes n'entrent pas en conflit** et composent une harmonie équilibrée, valorisée par des finitions mates.

Également grisé, le rose clair apporte sa touche de lumière.

QUEL RISQUE ?

Celui d'être un peu triste. On ne force pas trop sur les finitions mates, et on préserve un peu de brillance par le biais d'objets ou de petits mobiliers. On préserve une couleur claire et lumineuse dans l'harmonie, comme un rose tendre ou un jaune paille un peu doré.

Vert-de-gris

Les finitions satinées de la table et des chaises piègent des reflets de lumière que des finitions mates auraient absorbés, générant un résultat plus triste.

Parme

Le sol sombre donne une assise à la pièce et valorise les teintes grisées du mobilier.

Pervenche

Grisé et mat, le parme peut devenir un peu triste. On l'éclaire donc avec du blanc et un éclairage plutôt chaud.

L'alignement de chapeaux de paille apporte la chaleur qui manquait au duo un peu froid vert de gris et bleu de Prusse.

S'il n'est pas la plus joyeuse des couleurs, le vert-de-gris est une teinte subtile et douce qui s'accorde facilement et se décline en de nombreuses nuances.

La brillance du sol équilibre le caractère très mat du mur.

Désir de douceur

CÈDRE BLEU

Cette couleur subtile est une sorte de compromis entre un vert-de-gris et un vert céladon, mais dans une gamme plus bleue... Comme adoucie par un voile de givre, elle peut évoquer une certaine froideur si elle n'est pas réchauffée au contact de matériaux aux tonalités naturelles.

C'est une même harmonie qui règne sur les deux niveaux ouverts, valorisant ainsi le volume global. La couleur cèdre bleu marque le plancher séparatif, encadré de part et d'autre par tonalités dorées de matériaux chauds: plancher en OSB en bas, soupentes habillées de bambou en haut.

MINUTE CULTURELLE

La couleur céladon et aussi celle d'une céramique typique d'Extrême-Orient, dont le glacis caractéristique est dû l'oxyde de fer inclus dans la glaçure au moment de la cuisson. Celle-ci doit forcément s'effectuer en réduction, c'est-à-dire avec un très faible apport d'oxygène, l'apport d'oxygène donnant naissance à une couleur brun-jaune.

Cette teinte bleu-vert grisé donne naissance à de nombreuses nuances toutes plus subtiles les unes que les autres, selon l'importance accordée à la part de bleu ou de vert, mais aussi à la part de noir qui la grise davantage ou de blanc qui l'éclaircit.

Si la ***finition mate*** offre souvent davantage d'élégance et de profondeur à une couleur, elle peut aussi en accentuer le caractère un peu triste. On compense cette tendance en additionnant de la brillance ou de l'éclat (ici apporté par un jeu de miroirs) et les tonalités chaudes de matériaux naturels.

QUEL RISQUE ?

Celui d'être triste, risque d'ailleurs couru avec toutes les couleurs grisées. Celui d'être froid aussi si on se cantonne aux couleurs froides. L'association avec des teintes chaudes, dorées ou tirant vers le rouge est recommandée.

Désir de douceur

PERLE, TOURTERELLE ET CIEL

Éclaircis, ces tons de buvard ont une douceur intrinsèque mais échappent à la mièvrerie grâce à leur caractère grisé. Il ne s'agit donc pas réellement de couleurs pastel, mais plutôt de tons adoucis. Nuance...

Le blanc pur est toujours la solution quand l'harmonie risque de sombrer dans la tristesse. Il apporte d'autant plus d'éclat et de lumière qu'il dispose d'une finition satinée ou brillante.

QUEL RISQUE?

Celui de confondre couleurs grisées et couleurs pastel, et de produire un résultat un peu timoré manquant de caractère.

Pour qui veut de la douceur, voilà une atmosphère qui en regorge. Trop peut-être?

le sol clair contribue à créer une impression de flottement alors que la poutraison grise du plafond écrase un peu le volume. L'inverse aurait davantage valorisé la pièce.

Les couleurs grisées ont une douceur souvent recherchée dans la chambre à coucher mais on les évite pour des orientations nord ou est car elles restent froides.

Désir de douceur

LAIT FRAISE, BUVARD ET CHEWING GUM

Le rose est une couleur bonne mine mais il s'utilise avec parcimonie car il peut manquer de classe, ou au contraire avec un peu d'audace, ponctuellement là où on ne l'attend pas. On l'associe également avec des couleurs de caractère pour compenser celui qui lui manque.

Adopté pour cet escalier en béton, ***le rose « Barbapapa »*** surprend dans cet univers contemporain. Le personnage de Barbapapa a donné son nom à un rose très précis, plus clair que le rose Malabar, plus tendre et moins vulgaire aussi.

Blancs et cotonneux, les tabourets apportent leur touche d'éclat et de moelleux au duo.

Contrasté, le duo valorise le graphisme de l'agencement.

Le rose buvard gagne une énergie presque masculine au contact du noir.

Pour ceux que le style « Barbara Cartland » effraie, on temporise le caractère pastel par le choix d'un style un peu contradictoire, comme ici le style récup' et déstructuré de la bibliothèque.

L'esprit bonbonnière est un parti pris qu'il faut assumer en multipliant les couleurs pastel.

QUEL RISQUE?

Celui de la fadeur si le rose est trop clair. Celui du manque de classe s'il est plus vif. Selon les cas, il a donc besoin d'être rehaussé ou tempéré.

ON EN TIENT COMPTE...

Le rose devient facilement vulgaire dès qu'il est associé à du clinquant ou du doré. On privilégie donc plutôt les finitions mates et poudrées, et les mariages avec les métaux blancs et les tons de gris.

Désir de douceur

PARME, LILAS ET LAVANDE

Ces violets bleutés sont devenus des classiques dans la décoration d'aujourd'hui. Très doux lorsqu'ils sont éclaircis, ils restent froids s'ils ne sont pas réchauffés avec des bruns chauds ou grisés qui leur offrent un supplément d'élégance.

Les violets bénéficient d'un retour en grâce après de longues années au cours desquelles ils ont été jugés agressifs et de mauvais goût. Aujourd'hui, ils s'invitent dans toutes les pièces de la maison.

ON EN TIENT COMPTE...

La famille des violets, mélanges de rouge et de bleu, s'étend des plus froids, chargés en bleu, jusqu'aux plus chauds, chargés en rouge. Le mariage de ces deux tendances produit des harmonies équilibrées basées sur le principe des couleurs voisines.

Rapport inversé pour ces deux compositions:

Le parme domine. Le résultat est plus féminin.

Le parme n'apparaît qu'en touches ponctuelles. Le résultat est plus masculin.

Au fond, le **blanc bleuté** éloigne encore davantage le mur.

Avec sa **teinte dorée**, le linge de lit rappelle les tons de bois du palier et crée le lien entre les deux plans.

Au premier plan, **le violet foncé rapproche le mur.**

C'est la perspective qui crée la juxtaposition des couleurs et l'harmonie globale.

QUEL RISQUE?

Celui d'être un peu triste quand l'association se fait avec des beiges gris, des tons de lin. On n'abuse pas des finitions et des matières mates qu'on éclaire avec la brillance (subtile) de quelques surfaces.

Désir de douceur

BLEU DRAGÉE, PISTACHE ET ACIER

Grand classique de douceur, le bleu ciel ou dragée manque de personnalité et nécessite d'être associé à des couleurs plus fortes ou plus vibrantes, comme des gris bleu acier ou des vert-jaunes un peu acides.

Une option sans risque à la portée des plus timides : dans une blancheur immaculée adoucie par un parquet brut, de simples panneaux en bois identiques (ou plus sophistiqué, des toiles de peintre) sont peints dans une harmonie douce en camaïeu. Inratable, et modifiable à volonté.

Un gris bleuté habille murs et plafond pour renforcer l'intimité de ce salon de télévision.

Le bleu clair est utilisé pour éclairer l'harmonie plus sombre et n'apparaît qu'en touches ponctuelles.

Une fois encore, le **vert acide** apporte quelques touches d'énergie.

ON EN TIENT COMPTE...

Le manque de personnalité du bleu clair lui interdit de jouer les premiers rôles. Par contre, il compose d'agréables toiles de fond, idéales pour valoriser le caractère de couleurs plus denses.

Le bleu ciel perd son caractère enfantin grâce au ***mariage avec des tons plus denses de bleu et de gris***, éclairés par quelques verts disséminés en touches.

La touche de vert anisé joue le rôle de couleur tonique vis-à-vis du bleu dominant.

Le duo de bleu ciel et de vert opaline est dynamisé par l'addition d'un jaune acide, couleur ingrate à n'utiliser qu'en petites touches.

QUEL RISQUE?

Celui d'être fade et impersonnel si le bleu clair est omniprésent.

Désir de fraîcheur

COBALT, BLEUET ET BLEU CHARRETTE

Les amateurs de bleu l'aiment souvent dense et présent, doté d'un vrai caractère et valorisé par une finition mate. À peine grisé, plus rouge que vert, il se marie aussi bien avec les gris métalliques qu'avec la blondeur d'une pierre ou d'un bois clair.

le bleu cobalt est un bleu violacé intense, parfois également baptisé bleu de Saxe, bleu royal ou bleu roy. Accentuée par une finition très mate, son intensité se marie très bien avec une large palette de verts.

QUEL RISQUE?

Celui de transformer la fraîcheur en froideur si on abuse des bleus trop clairs. On prend donc soin de sélectionner des bleus dans des valeurs moyennes, ni trop clairs, ni trop foncés, car en fonçant le bleu se réchauffe.

Un bleu gris est un lien idéal entre les tons beiges et bruns d'un mur de pierre et le gris anthracite d'un sol en béton. L'ensemble compose une harmonie fraîche sans être froide.

Bleu charrette

Le duo de ce bleu profond et de ce gris acier affiche un caractère bien trempé, un peu masculin peut-être.

Les reflets du sol valorisent par contraste la matité du mur.

MINUTE CULTURELLE

Le bleu charrette est un bleu gris utilisé autrefois pour peindre les charrettes dont il était censé protéger le bois des insectes grâce à ses vertus insecticides (dues aux pigments toxiques entrant dans sa composition). Ce bleu est toujours utilisé pour peindre les contrevents en bois dans certaines régions, sur l'île de Ré en particulier.

Désir de fraîcheur

CÉRULÉEN, SARCELLE ET MERS DU SUD

Chargés de vert, les bleus deviennent aquatiques et évocateurs d'eaux fraîches et transparentes, voire de lagons dépaysants. Ils donnent naissance à une multitude de nuances produisant ensemble des harmonies aussi vibrantes que des eaux vives.

Chaque teinte est attribuée à une surface et ne cohabite avec les autres que dans une vision globale — une façon plus paisible de composer une harmonie, valorisante pour les jeux de volume de l'architecture.

Les bleu-vert gagnent de l'énergie dans l'association avec des bleu-violet plus chauds. Les harmonies sont quasi inratables, les bleus ayant la particularité de tous se marier entre eux avec beaucoup de facilité.

Un fin liseré vert kaki tente de faire vibrer l'harmonie. Le résultat serait plus probant avec un vert anis plus jaune et un peu plus présent.

Bleu sarcelle

MINUTE CULTURELLE

Le « sarcelle » désigne des nuances moyennes de bleu-vert dont la tendance peut tirer vers l'un ou l'autre pour donner le bleu sarcelle ou le vert sarcelle. Cette appellation provient d'un petit canard, le sarcelle, dont le mâle affiche ces nuances autour des yeux. Avec le temps, on utilise moins cette appellation pour se contenter de bleu « canard » ou vert « canard », pas fausses mais moins précises...

QUEL RISQUE?

D'être trop froid à force de vouloir être trop aquatique. On n'oublie pas de réchauffer grâce au choix de matériaux.

Désir de fraîcheur

CANARD, TURQUOISE ET PAON

Actuelles, les nuances de bleu-vert, plus ou moins bleues ou vertes, donnent naissance à des harmonies très aquatiques qui ne sont pas réservées aux salles de bains. Associées à des bois dorés chauds, elles génèrent des harmonies équilibrées et raffinées.

Les tons de turquoise sont moins attendus dans un séjour qu'ils éclairent pourtant instantanément.

Les touches de noir apportent du caractère à la composition et font oublier l'évocation aquatique du turquoise.

Le tendre camaïeu du tapis adoucit le duo contrasté de noir et de turquoise.

QUEL RISQUE?

Celui de manquer de classe. Les tons de turquoise ont besoin de subtilité pour rester élégants. On leur offre un caractère graphique en les associant à du noir, de la douceur en les mariant avec des tons de la même famille mais éclaircis, et de la chaleur en les additionnant de bois doré.

Cette tête de lit créée par la décoratrice Sarah Lavoine dissimule quantité de rangements derrière un placage de noyer.

Un turquoise aquatique enveloppe un jeu de niches graphique et dynamise la composition.

Le plafond turquoise accorde davantage d'intimité à l'entrée.

Les suspensions chromées (« CopperShade » de Tom Dixon) apportent un éclat nécessaire sans lequel l'harmonie aurait sans doute manqué d'énergie.

Les portes turquoise apportent un uni apaisant et valorisant pour le graphisme du papier peint.

Le « bleu paon » désigne un bleu-vert plus bleu que vert, particulièrement prisé dans les années 50, époque à laquelle on l'associait volontiers à des bois dorés et des jaunes moutarde.

Des plus clairs aux plus dorés, les beiges et les bruns composent avec les bleu-vert des harmonies élégantes et douces.

Encadré de noir, les panneaux de papier peint (« Hicks Hexagon » (de Cole & Son) composent la base du décor de cette entrée imaginée par les architectes de l'agence Double G.

Très ancien, **le vert Véronèse** est un vert classique qui a l'avantage de s'adapter à tous les styles.

Quelques touches de bois clair contribuent à adoucir ce duo assez sobre, tandis que le coussin vert gazon apporte sa petite touche d'énergie.

Associé aux **beiges grisés très naturels** du parquet et du canapé, le vert prolonge le jardin dans la maison.

Désir de fraîcheur

GAZON, VÉRONÈSE ET CHARTREUSE

Comme les bleus, les verts offrent une infinité de variations. Du vert le plus vif évocateur d'une végétation printanière, au vert plus jaune et automnal, en passant par le vert grisé jugé raffiné mais aussi plus classique.

Les verres jaunes sont lumineux mais peuvent manquer un peu d'élégance. On les associe donc volontiers avec des bois sombres et des bruns foncés qui leur apportent le raffinement qui leur manque.

Comme les bleus, **les verts se marient bien entre eux**, même si leurs harmonies sont moins répandues.

La grande variété des verts permet de **créer de nombreux camaïeux**, toujours très frais lorsqu'ils sont associés à du blanc.

Il fallait oser, mais le **vert chartreuse** du grand tapis associé aux deux poufs vert vif dynamise la zone du séjour.

MINUTE CULTURELLE

Le vert Véronèse a sa part de responsabilité dans la superstition concernant le port de la couleur verte au théâtre, censé porter malheur. Il était en effet initialement composé à partir d'arséniate de cuivre, un poison très violent. Le contact avec la peau provoquait des malaises chez les acteurs, voire la mort. Le fait que le dernier habit de scène de Molière ait été vert n'a fait que renforcer cette superstition.

QUEL RISQUE?

Celui de manque de classe. Les verts vifs et francs peuvent être perçus comme criards s'ils sont trop présents. On les associe donc avec du blanc pour la fraîcheur et des bruns foncés pour l'élégance, et on les utilise avec mesure, pour colorer une base neutre par exemple

Un mur de pierres apparentes est un élément de décoration fort qui a en outre l'avantage de s'accorder avec toutes les couleurs, y compris un vert jaune olive.

Désir de fraîcheur

KAKI, OLIVE ET TILLEUL

Plus jaunes, les verts gagnent en luminosité et en douceur mais leur élégance n'est préservée qu'à travers des matières nobles et des associations avec des teintes sobres. Leur caractère un peu automnal peut les rendre tristes, ce que compense facilement la fraîcheur du blanc.

À contre-jour, **Le vert jaune olive** paraît plus sombre qu'il ne l'est en réalité.

Quelques touches sombres apportent un supplément de caractère à la composition générale.

QUEL RISQUE?

Celui de manquer de mesure. S'il est des couleurs qu'il faut utiliser avec parcimonie, ce sont sans doute les verts jaunes car leur côté « verdâtre » peut devenir peu flatteur. Ils doivent donc impérativement être associés à des teintes sobres, de la gamme des gris beiges et bruns, un peu de blanc pour la lumière, et pourquoi pas un peu d'or pour l'éclat.

Vert olive et jaune or, composent un duo évocateur des années 50 — une impression accentuée par le style du mobilier et le fauteuil « Tulip » créé en 1956. Par Eero Saarinen.

Les tons dorés réchauffent le vert olive avec lequel ils composent un duo élégant, qu'il s'agisse de bois, de paille ou de dorures. Le métal blanc a, au contraire, tendance à durcir ces verts jaunes.

Le vert jaune très clair qui habille le plafond et les dosserets de chaise éclaire et égaie le beige rosé de l'enduit mural et du mobilier.

Des touches d'un vert printemps apportent un peu d'énergie à cette harmonie douce.

MINUTE CULTURELLE

D'intensité moyenne et jamais saturé, le kaki n'est pas une couleur bien déterminée mais plutôt un ensemble de nuances entre le jaune, le vert et le marron. On a pour habitude d'appeler kaki un beige, un marron ou un jaune verdâtres. Détail séduisant: l'autre nom utilisé par les peintres et coloristes pour désigner cette couleur est « caca d'oie ». Une raison de plus de ne pas trop s'attacher au nom des couleurs...

Désir de fraîcheur

VERT-DE-GRIS, CÉLADON ET AVOCAT

Ces verts subtils se déclinent en nuances plus ou moins pigmentées, du vert-de-gris au mal nommé vert glauque, en passant par le tendre céladon. Doux et raffinés, ils ont malgré tout besoin d'être dynamisés par des verts plus toniques ou des tons plus chauds.

On éclaire avec **quelques touches de verts plus vivifiants** et des ivoires un peu jaunes.

Les verts grisés s'harmonisent tout naturellement avec les gris dont ils sont proches. On préfère des gris bleutés pour un résultat plus subtil.

Les verts grisés gagnent à être éclairés ou réchauffés par des tonalités plus lumineuses et plus chaudes, comme c'est le cas dans ce séjour grâce aux fauteuils en cuir patiné.

Le fini mat sied bien au raffinement de la teinte vert de gris mais peut la rendre un peu triste.

Pour ne pas en rajouter au classicisme de ces verts, on évite de marquer la présence des moulures par une couleur différente.

QUEL RISQUE?

Celui de la tristesse si on oublie d'additionner une couleur chaude ou un vert tonique à ces verts gris qui, à force d'être subtils et raffinés, peuvent en devenir ennuyeux et tristes..

Les reflets des différents miroirs et du revêtement de sol apportent la brillance nécessaire pour compenser la matité du mur.

La blondeur des accessoires en vannerie apporte sa touche de chaleur et le vert vif de la plante sa fraîcheur.

L'addition d'un vert avocat, franc et un peu vif, est un bon moyen de donner un peu d'énergie à ces verts grisés qui en manquent.

Désir d'énergie

BOUTON D'OR, PAILLE ET BEURRE FRAIS

Le jaune est une couleur chaude qui ne le reste pas forcément quand il s'éclaircit. Il invite le soleil dans n'importe quelle pièce quand il reste doré – une aubaine pour les orientations nord. Puissant, il nécessite d'être utilisé avec mesure.

Très doux, ***ce jaune*** maïs illumine et réchauffe la pièce sans être criard et imposant pour autant.

Le jaune et le noir composent un duo classique très apprécié dans les années 50, toujours associé à du blanc pour en atténuer le contraste fort.

QUEL RISQUE?

Celui de manquer de raffinement. Si sa gaîté et sa chaleur sont indiscutables dès qu'il est doré, le jaune n'est pas considéré comme une couleur élégante. On prend soin de l'associer à des demi-teintes, des matières nobles et des finitions sobres.

Le jaune or compose avec les gris des harmonies inratables mais dont le résultat dépend des proportions accordées à chacun.

Intégré par touches avec quelques accessoires, le jaune apporte son éclat sans voler la vedette. L'harmonie reste sobre et élégante.

En aplat sur un mur, le jaune or impose sa gaîté. L'atmosphère est moins élégante mais plus joyeuse.

Le jaune acquiert une certaine élégance quand il s'apparente à l'or, à condition néanmoins de privilégier des finitions mates ou satinées pour éviter un résultat clinquant.

Désir d'énergie

JAUNE ET NOIR

Ce duo contrasté a fait les beaux jours de la décoration des années 50 dans un esprit très graphique valorisant l'opposition forte de ces deux couleurs.

La touche de turquoise enrichit le duo un peu radical du noir et du jaune et apporte de la gaîté à la composition.

Sans son encadrement noir, l'aplat jaune composerait avec le blanc un duo frais mais manquant de graphisme et de caractère.

Déjà marquée par les baies encadrées de noir, l'horizontalité est accentuée par l'agencement bas de la cuisine, lui aussi noir.

Le jaune n'intervient qu'en touches (chaises, dosseret de cuisson, vaisselle...), pour valoriser par contraste le graphisme du noir.

QUEL RISQUE?

D'être un peu trop théâtral, voire un peu agressif. Le fort contraste de ce duo ne génère pas d'avis mitigé. On aime, ou pas, sans demi-mesure. L'addition de blanc est indispensable pour calmer le jeu. Faute de blanc, l'effet « Maya l'abeille » est inévitable...

Dans ce décor créé par la décoratrice Sarah Lavoine, l'horizontalité est marquée par le tracé des bandes noires qui encadrent le jaune dominant.

Peint en noir, le parquet donne une assise à la pièce et renforce son caractère graphique.

Désir d'énergie

ARC-EN-CIEL

Quand le désir d'énergie s'additionne d'un besoin de gaîté, l'arc-en-ciel est la solution la plus joyeuse. L'idée est de multiplier les couleurs mais toujours au cœur d'une base blanche, pour la fraîcheur et l'apaisement.

Trois tons froids (violet, vert émeraude, turquoise) *et trois tons chauds* (jaune, rouge, orange), reliés ensemble par un vert jaune: l'esprit « arc-en-ciel » est bien recréé.

QUEL RISQUE?

Celui de faire bariolé plutôt qu'arc-en-ciel en multipliant trop les couleurs. On limite donc le nombre de couleurs à sept, ce qui n'est pas si mal, on tempère avec du blanc et on privilégie des couleurs éclaircies et plus douces.

L'effet arc-en-ciel peut facilement être créé grâce à des accessoires ou du petit mobilier pour un résultat plus doux.

Même si le principe consiste à multiplier les couleurs, on les limite en nombre sous peine de produire un effet bariolé dénué de sens et visuellement fatiguant.

Sans les suspensions, l'harmonie ne serait que celle de deux couleurs juxtaposées. Ce sont donc elles qui génèrent l'effet arc-en-ciel recherché.

Plus audacieuse, la démarche consistant à peindre les pans de mur de couleurs différentes produit un résultat forcément plus pérenne.

ON EN TIENT COMPTE...

Pour recréer un arc-en-ciel, le principe de base consiste à regrouper trois tons chauds (rouge, orange, et jaune par exemple) et trois tons froids (bleu clair, bleu foncé, violet), rattachés entre eux par un vert jaune. En pratique, on garde l'idée de l'équilibre entre des tons chauds et des tons froids.

Désir d'énergie

FRAMBOISE, MANDARINE ET CORAIL

Gorgées de vitamines, ces couleurs donnent de l'énergie et du peps à n'importe quel intérieur à condition d'être utilisées dans des valeurs moyennes ou denses, les valeurs claires leur octroyant d'emblée un caractère pastel charmant mais sans aucun dynamisme.

Le blanc est toujours la solution pour apaiser des camaïeux très toniques.

Difficile de faire plus fruité que ce **duo framboise et grenadine** qui reste très féminin malgré l'addition de chaises rouge carmin.

QUEL RISQUE?

Celui d'être trop féminin (ce qui n'est pas forcément un défaut). On privilégie donc les couleurs plutôt denses, les finitions et les formes sobres. On évite les pampilles, pompons et autres froufrous, ainsi que les motifs fleuris.

La densité offre un caractère plus masculin à ces couleurs à connotation féminine.

C'est ensemble que ces couleurs génèrent de l'énergie.

On n'hésite donc pas à les marier, mais toujours avec une certaine mesure, et en apaisant si nécessaire avec du blanc et des finitions sobres.

ON EN TIENT COMPTE...

Ces couleurs très vitaminées lorsqu'elles sont ensemble perdent parfois de leur énergie lorsqu'elles sont seules. C'est le cas du orange, pas toujours joyeux, surtout lorsqu'il est associé à des bruns un peu foncés.

Désir d'énergie

FUCHSIA, ABRICOT ET SANGUINE

Si séduisantes dans la nature, les roses et les orange attrapent facilement un caractère vulgaire et clinquant lorsqu'ils sont artificiels.
Pour éviter ce travers, on utilise avec mesure les roses bleutés et les oranges très crus.

Le choix du ***rose fuchsia*** permet d'identifier clairement la fonction de cette grande boîte à roulettes faisant office de chambre.

Le linge de lit et quelques petits meubles complètent l'harmonie sans en rajouter.

QUEL RISQUE?

Celui de manquer de classe. À trop vouloir être gai, en oublier que l'on peut devenir un peu voyant... On garde donc de la mesure et on réserve ces couleurs à une zone de la pièce, un aplat mural, du linge de lit ou les coussins d'un canapé. Mais on ne les répand pas du sol au plafond, sous peine de générer une certaine saturation.

Ce sont ***des teintes sélectionnées sur le nuancier RAL*** que le designer Carlos Pujol a décliné sur chaque contremarche, transformant ainsi l'escalier en un nuancier XXL.

Chaque couleur affiche sa propre référence.

Le rose du couloir vient compléter l'harmonie dès que la porte s'ouvre.

L'option « linge de lit » est une bonne solution pour ceux qui craignent la lassitude.

L'apport de gris anthracite et ***de rouge*** tempère un peu le caractère féminin de l'ensemble.

MINUTE CULTURELLE

Il existe deux nuanciers universels de couleurs, le nuancier RAL et le nuancier Pantone. Le nuancier RAL est utilisé dans le domaine du bâtiment et de l'industrie. Sa version de base comporte 200 couleurs, chacune étant représentée par un code à quatre chiffres. Le nuancier Pantone concerne davantage le graphisme et l'imprimerie et comporte 999 couleurs codifiées. Ces nuanciers permettent de définir avec exactitude une couleur et de faciliter la communication à son sujet, en particulier au moment de passer une commande.

Un peu binaire, ce ***duo orange carotte et rose fuchsia*** mérite d'être étoffé par l'ajout d'autres nuances de la même famille – une mission que ne remplissent que partiellement les taies d'oreillers.

Désir d'énergie

BOURGOGNE, GARANCE ET COQUELICOT

Le rouge se décline lui aussi en une multitude de nuances, orangées et rosées qui le rendent tonique et vivifiant, ou violacées et brunes qui l'assombrissent et lui donnent plus de profondeur...

Satiné, l'aplat rouge gagne de l'éclat en reflétant la lumière et resserre moins l'espace que ne le ferait une finition mate.

Sombre et mat, le rouge perd son côté clinquant pour gagner en profondeur.

Associé à des gammes de gris et des bruns grisés, le rouge gagne en élégance sans perdre sa chaleur.

Le rouge Garance est un rouge vif et franc, idéal pour apporter des touches d'énergie dans une harmonie un peu sombre.

Un peu plus rose, le ***rouge groseille*** compose avec des harmonies de noir et de gris froids un duo très efficace, presque classique, mais un peu strict et masculin.

Un tapis rouge accessible à tous, simplement peint sur un escalier dont les premières marches sont en béton et les suivantes en bois. Un bon moyen de donner un peu de personnalité à un escalier ordinaire.

Désir d'énergie

FRUITS ROUGES

Lorsqu'il intègre un peu de bleu, le rouge tire doucement vers les violets et compose toute une gamme de tons de fruits d'été appétissants. Les plus audacieux le choisissent en « total look », pour des résultats qui ne laissent personne indifférent.

Pas de camaïeu mais *un seul et unique rouge* pour habiller la pièce du sol au plafond, mobilier compris. Le résultat est volontairement enveloppant, adapté à cette chambre d'amis-bibliothèque.

Les meubles de cuisine et de rangement s'habillent de ***bordeaux***.

La seule touche de ***blanc*** est celle du tapis qui semble dessiner l'ombre portée en négatif de l'entrée de lumière.

Le rouge lumineux du canapé est le pivot de cette harmonie très dense.

Le sol et quelques accessoires apportent des ***tons de violine.***

QUELLE PEINTURE?

D'une façon générale, on privilégie la qualité car la peinture est plus couvrante et plus facile à appliquer. Elle est aussi plus résistante, plus facile à nettoyer et sa couleur plus durable (pas de jaunissement avec le temps, surtout pour les glycéro).

TROIS TYPES DE PEINTURES:

- les peintures à base de solvants, appelées aussi glycérophtaliques, ou glycéro
- les peintures à base d'eau, appelées aussi peintures acryliques ou peintures à émulsion
- les peintures alkydes, peintures à base de solvants mais disposant des mêmes avantages que les peintures acryliques.

Les peintures glycéro

Ce sont les préférées des professionnels car elles ont un meilleur pouvoir couvrant et sont plus résistantes à l'abrasion et au collage (contact entre deux surfaces peintes comme porte et chambranle par exemple). Elles adhèrent mieux sur les surfaces difficiles et leur temps de reprise est plus long (temps pendant lequel la peinture peut être appliquée sans durcir).

Inconvénient

Les peintures glycéro sont polluantes (pour l'individu et l'environnement), longues à sécher (surtout à cœur), et nécessitent un nettoyage d'outils avec du white-spirit ou de l'essence térébenthine (produits également polluants et toxiques).

Pour ces raisons, on les trouve de moins en moins dans les rayons des grandes surfaces de bricolage, mais elles restent malgré tout les préférées des professionnels.

À SAVOIR

On peut appliquer de la peinture glycéro sur de la peinture acrylique, mais l'inverse nécessite l'application d'un primaire d'accrochage qui isole les deux couches.

Les peintures acryliques

Elles sont sans odeur, sèchent très rapidement et l'eau suffit à nettoyer les outils – des avantages qui en font les peintures les plus vendues, d'autant qu'elles sont aussi moins chères que les peintures glycéro.

Inconvénient

les peintures acryliques sont moins résistantes. On privilégie donc toujours une peinture de bonne qualité (10 à 20 € le litre est un prix raisonnable). En outre elles disposent de plus en plus souvent de labels écologiques (label écologique européen ou label NF environnement) qui garantissent l'absence de métaux lourds et une faible présence de produits toxiques, mais elles restent des dérivés du pétrole et nécessitent à ce titre certaines précautions au moment de la mise en œuvre.

Les peintures alkydes

Ce sont des peintures hybrides, à base de solvants mais offrant les mêmes avantages qu'une peinture à l'eau. Bien qu'un peu moins résistantes, elles offrent le même aspect tendu qu'une peinture glycéro et leur séchage à cœur est long (même si leur séchage superficiel est rapide). Elles ont aussi la même tendance à jaunir.

Inconvénient

Si leur séchage au toucher est rapide, les peintures alkydes nécessitent plus de temps pour un séchage à cœur. Un temps qu'il convient de respecter pour ne pas rencontrer de problèmes de résultat (peinture collante, couvrante insuffisante...).

SOUS-COUCHES ET PRIMAIRES D'ACCROCHAGE

Elles sont indispensables pour les surfaces poreuses mais également pour augmenter l'adhérence de certaines surfaces non poreuses (bois, métal, plastique, mélamine, briques...). Elles augmentent également la durée de vie et la résistance de la peinture et facilitent son accrochage.

L'application d'une sous-couche est indispensable:

- sur une surface brute (ou neuve) qui n'a jamais été peinte
- sur une ancienne peinture glycéro brillante (après un dépolissage de la surface)
- sur un support farinant, ou qui se décolle
- sur un enduit récent.

Elle n'est pas nécessaire pour:

- un support déjà peint.
- l'utilisation de produits spécifiques (« spécial » bois, fer, carrelage, sol...) et pour les peintures microporeuses (adaptées au bois).

À SAVOIR

Une bonne sous-couche est dite « universelle » et s'adapte à tous les supports. Dans les constructions neuves ou inoccupées de longue date, on préfère les sous-couches solvantées qui évitent les risques liés à la présence d'humidité dans les supports (cloquage, écaillage, moisissures...)

Astuce

On choisit une couleur de sous-couche différente de celle de la peinture pour mieux visualiser l'avancement de son travail. On la choisit colorée si la peinture à appliquer est foncée, de façon à augmenter le pouvoir couvrant de cette dernière. Pour le bois, on préfère une sous-couche à base d'eau, plus souple et plus résistante contre le fendillement.

LES PEINTURES SPÉCIFIQUES

Les peintures pour plafond

Elles sont plus épaisses que les peintures murales de façon à produire moins d'éclaboussures et de gouttes, et sont adaptées à l'utilisation du rouleau. Elles peuvent être utilisées en peinture murale sans inconvénient majeur. Certains fabricants (Dulux, Astral) proposent des peintures blanches monocouches pour plafond dont la particularité est d'être roses à l'application, permettant ainsi de mieux visualiser l'avancement du travail.

Les peintures monocouches

Elles sont conçues pour être appliquées en une seule couche et sont censées être plus couvrantes. En réalité, la majorité d'entre elles nécessitent une deuxième couche pour un résultat optimal, surtout s'il y a une grande différence de couleur entre la peinture et le support (une sous-couche colorée peut s'avérer utile). Dans les faits, il faut toujours mieux prévoir la quantité nécessaire pour réaliser deux couches.

À SAVOIR

Les peintres professionnels fonctionnent en général avec trois couches: un primaire d'accrochage et deux couches de peinture. Jamais avec des monocouches...

Les peintures salle de bains et cuisine

Ces peintures spécifiques contiennent des fongicides pour empêcher la formation de moisissures susceptibles d'être provoquées par l'humidité de ces pièces. Elles sont lessivables, ce qui rend très faciles à entretenir.

Les peintures sol

Elles sont conçues pour résister aux frottements et à l'usure. On en trouve à base d'eau ou de solvants, ces dernières étant plus résistantes. Elles s'appliquent au rouleau, après avoir décrassé, dégraissé, voire dépoli la surface selon les cas.

Les peintures résistant à la chaleur

Elles sont conçues pour ne pas se fendiller ou jaunir sous l'effet de la chaleur. Elles concernent avant tout les radiateurs.

À SAVOIR

On ne peint jamais un radiateur chaud. On applique la peinture en couche mince et on ne peint pas les vannes et robinets qui doivent pouvoir continuer de tourner.

Les peintures pour surfaces non poreuses

Elles concernent les surfaces dites « fermées » comme la céramique, le plastique, le stratifié ou la mélamine. Elles sont en général à base de résine époxy, et s'appliquent après un apprêt spécifique sauf préconisation inverse du fabricant. Il est souvent nécessaire de les protéger avec l'application d'une résine de finition.

QUELLE FINITION?

On en distingue trois principales: mate, satinée ou brillante.

LA FINITION MATE

Elle absorbe la lumière et les défauts. Elle est donc adaptée aux supports imparfaits. On l'apprécie pour sa sobriété et pour l'intensité qu'elle donne à la couleur, en particulier lorsqu'elle est foncée. Son principal défaut est d'être très sensible aux tâches et marques diverses et même si certains fabricants proposent des peintures mates lavables, elles ne sont jamais lessivables (on peut y passer une éponge mouillée, mais sans détergent et sans frotter).

À SAVOIR

On réserve la finition mate aux pièces peu sollicitées comme les séjours ou les chambres d'adultes, mais on l'évite dans les chambres d'enfant, les cuisines, les salles de bains, les couloirs et les cages d'escalier.

LA FINITION SATINÉE

C'est la plus vendue des trois finitions car elle est adaptée à toutes les pièces, lessivable et facile d'entretien. Elle n'absorbe pas la lumière comme une finition mate, et la réfléchit modérément (moins qu'une finition brillante). On peut lui reprocher de manquer de caractère.

LA FINITION BRILLANTE

Elle nécessite des supports impeccables et sans défaut car elle souligne la moindre des imperfections. Elle réfléchit bien la lumière, se salit moins et s'entretient plus facilement. Elle est adaptée aux salles de bains mais son application exige du savoir-faire et reste plutôt réservée aux professionnels. Elle concerne avant tout les boiseries.

À SAVOIR

Un rendu parfait d'une finition brillante peut facilement exiger trois à quatre couches.

TESTER LA COULEUR

Avant de se décider, il est impératif d'évaluer l'effet de la couleur sur place, avec la bonne lumière, voire le bon éclairage. On le fait grâce à des échantillons de grandes tailles ou des pots échantillons de 50 ou 100 ml proposés par certains fabricants de peinture.

EN RÉSUMÉ: POUR CHOISIR UNE PEINTURE

On s'assure qu'elle correspond au support.
On privilégie la qualité pour un meilleur résultat.
On choisit le type de peinture (à base d'eau ou de solvants), ce qui détermine le choix des pinceaux, l'achat éventuel d'un diluant, et la durée du chantier.
On choisit la finition (mate, satinée ou brillante).
On détermine la nécessité d'un primaire d'accrochage (indispensable si la surface est neuve, brute, n'a jamais été peinte, ou si la couleur du support est plus foncée que celle de la peinture).
On détermine la quantité nécessaire après avoir calculé la surface du plafond (largeur x longueur pièce), les surfaces murales (hauteur x largeur), dont on déduit la surface des fenêtres (sauf si elles sont petites et peu nombreuses). Mieux vaut prévoir trop que pas assez. Un pot de peinture en trop, non ouvert, peut être rendu au commerçant qui le remboursera dans la majorité des cas. Par contre, il est très désagréable de manquer de peinture en cours de chantier.

À SAVOIR

On a toujours tendance à consommer plus de peinture que la quantité indiquée sur le pot. Lors du calcul de quantité nécessaire, on vise plutôt la fourchette haute pour être sûr de ne pas manquer en cours de chantier.

QUELS OUTILS?

Le choix des outils est important car ils ont leur part de responsabilité dans la réussite de la peinture. On pense principalement aux pinceaux et aux rouleaux.

LES PINCEAUX

Deux critères sont importants: la nature des poils et la forme du pinceau.

Les poils

Naturels, ils sont davantage adaptés aux peintures glycéro car ils absorbent l'eau contenue dans les peintures acryliques et risquent de se déformer. Pour ces dernières on préfère donc les poils synthétiques. D'une façon générale, on peut se fier à l'usage qui est indiqué sur l'emballage.
Attention, un pinceau trop peu garni est de mauvaise qualité.

À SAVOIR

On préfère les manches en bois, qui offrent une meilleure prise en main, et les pinceaux dotés d'une virole en métal inoxydable clouée plutôt qu'agrafée car les poils y sont mieux fixés.

La forme

On distingue les pinceaux plats et les pinceaux ronds. Les pinceaux plats sont adaptés aux petites surfaces, non accessibles par un rouleau. En toute logique, on adapte la largeur du pinceau à la surface à couvrir.
Les pinceaux ronds et pointus, dits aussi « brosses à rechampir », sont adaptés aux petites zones où la précision est nécessaire. Ils permettent de « dégager » les angles (angles de murs, entre mur et plinthe, entre mur et encadrement de porte ou de fenêtre, entre bois de fenêtre et vitrage...), et de peindre des moulures.

Astuce

Avant de peindre, on nettoie les pinceaux neufs à l'eau pour éliminer les poils susceptibles de tomber. On peut également éliminer ces poils avec un simple scotch (sur pinceau sec cette fois).

Astuce

On ne jette pas les vieux pineaux secs et durcis qu'on peut récupérer en les faisant tremper dans du vinaigre blanc bouilli. Une fois les poils détendus, on les lave (au savon de Marseille ou au savon noir, c'est plus écolo et très efficace) et on les rince.

LES ROULEAUX

Ils sont adaptés aux grandes surfaces (murs et plafonds), mais aussi aux plus petites quand elles sont planes grâce à des rouleaux larges de seulement 10 cm (on les appelle « patte de lapin »), adaptés aux portes, plinthes, fenêtres, mobilier... Anti-gouttes, les rouleaux ont un véritable intérêt pour peindre les plafonds. On s'intéresse à la nature du matériau et à la longueur des poils.

Le matériau

Les rouleaux en fibres polyamides concernent avant tout les peintures à l'eau, tandis que les peintures à solvant requièrent des rouleaux en fibres ou en velours pour obtenir un résultat plus tendu. Attention aux rouleaux en mousse utilisés avec une peinture classique car ils peuvent créer des bulles d'air qui éclatent et génèrent un effet « peau d'orange » pas forcément recherché...

La longueur des poils

Les poils courts (de 6 à 9 mm) sont destinés aux surfaces lisses.
Les poils longs (12 à 25 mm) concernent davantage les surfaces à relief ou rugueuse.

Astuce

Avant d'utiliser un rouleau neuf, on le passe à l'eau et on l'essore à la main de façon à éliminer d'éventuelles peluches. Aux deux extrémités, on coupe aux ciseaux ses fibres à 45° de façon à s'assurer des raccords plus nets.

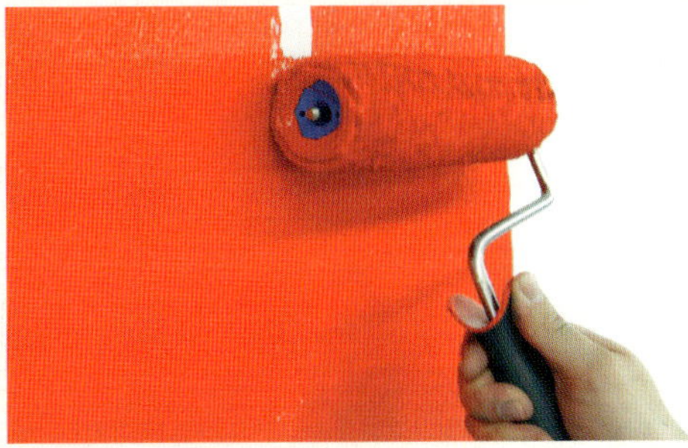

LA PRÉPARATION

Les travaux de préparation sont essentiels car ils contribuent à la qualité et à la durabilité de la peinture, mais aussi à sa rapidité de mise en œuvre. Ils sont pourtant souvent négligés car ils nécessitent parfois autant de temps que l'application de la peinture elle-même, voire plus...

LE LESSIVAGE

Loin d'être superflu, le lessivage nettoie mais surtout il dégraisse les surfaces à peindre et favorise ainsi l'adhérence de la peinture.

Les surfaces lisses sont nettoyées avec une eau additionnée d'un détergent non moussant du type lessive Saint-Marc (attention, on a tendance à surdoser le produit), rincées à l'eau claire puis bien séchées avant de peindre.

Les surfaces rugueuses ou à relief du type crépi sont dépoussiérées par un brossage.

Astuce

Toujours laborieux, le lessivage d'un plafond peut être facilité en prenant soin de faire bouillir de l'eau dans la pièce après avoir fermé toutes les issues. La vapeur d'eau produite va se condenser au plafond sous forme de gouttelettes et en faciliter le nettoyage.

À SAVOIR

Des traces de moisissures sont éliminées avec une eau de Javel diluée (1 volume pour 3 d'eau) appliquée largement sur et autour des traces, à plusieurs reprises, et en laissant sécher entre chaque application. On finit avec un détergent doux et on rince.

LES PROTECTIONS

Une fois encore, cette étape peut paraître laborieuse mais elle est indispensable, à fortiori si les lieux sont meublés. Le bâchage protège d'éventuelles tâches ou éclaboussures, mais il a aussi pour effet de réduire la captation des COV (composés organiques volatiles plus ou moins présents dans toutes les peintures) par toutes les surfaces absorbantes telles que rideaux et moquettes. Rappelons que les COV ainsi absorbés sont réémis avec un temps retard et prolongent ainsi la présence de polluants.

Astuce

On fixe la bâche au sol par des scotchs périphériques pour éviter de se prendre les pieds dedans pendant les travaux de peinture.

LA PRÉPARATION DES SURFACES BRUTES

Le plâtre neuf

Il doit être parfaitement sec, sachant qu'un support contenant encore de l'humidité peut provoquer un cloquage de la peinture, en particulier si les finitions sont satinées ou brillantes (finitions plus « fermées » ne permettant pas à l'eau ne s'évaporer). Donc, on tient compte du fait que les petites retouches nécessitent seulement 1 ou 2 jours de séchage, que les murs et plafonds entiers réclament au moins une semaine (selon degré d'humidité et température), et qu'un plâtre épais peut exiger jusqu'à un mois de séchage.

Une fois le plâtre sec, on procède à un ponçage moyen puis fin, avant d'appliquer un primaire bouche-pores spécifique au plâtre.

À SAVOIR

On n'utilise jamais un aspirateur domestique pour aspirer la poussière de plâtre, au risque de devoir en racheter un à la fin du chantier, car cette dernière bouche les filtres à coup sûr.

Le placoplâtre

Après s'être assuré que les joints entre plaques étaient lissés et nettoyés, on applique un bouche-pores ou un primaire spécifique au placoplâtre.

À SAVOIR

Les sous-couches et primaires d'accrochage garantissent en grande partie le résultat final. On privilégie donc toujours la qualité. La peinture peut être changée selon les envies et les modes, alors que la sous-couche reste en place pour longtemps. Rappelons que la sous-couche n'est pas destinée à « couvrir » le support mais à le « bloquer », c'est-à-dire à réguler sa porosité.

Le bois

On ponce, toujours dans le sens des fibres du bois, d'abord moyen puis fin. On dépoussière, puis on applique une sous-couche spécifique au bois.

Astuce

Pour obtenir une surface parfaitement lisse, on mouille le bois et on le laisse sécher pendant environ 30 minutes. Le séchage provoque le redressement de certaines fibres (que le passage de la peinture aurait lui aussi provoqué) qu'il suffit de poncer (ponçage fin).

LA PRÉPARATION DES SUPPORTS ANCIENS

Peindre sur une ancienne peinture

On commence par vérifier l'adhérence de l'ancienne peinture au support, et on élimine un éventuel écaillage avec une spatule métallique en prenant soin de pas abîmer le support. On ponce moyen, puis fin.

On recherche d'éventuelles fissures, sur l'ancienne peinture (un ponçage peut suffire) ou, plus profondes, sur le support (un rebouchage à l'enduit peut être nécessaire après avoir « ouvert » un peu la fissure).

Il n'y a que les décapants chimiques qui permettent d'enlever une peinture ancienne. Très toxiques et très polluants, ils s'appliquent en dehors de la présence de femmes enceintes, d'enfants, d'animaux et de plantes. Les protections (masque, lunettes, gants) sont évidemment indispensables. Une fois la peinture enlevée, un ponçage est indispensable avant d'appliquer un primaire adapté (souvent pour plâtre ou placo).

Peindre une surface lisse et brillante

Le dépolissage est indispensable pour permettre l'accrochage de la peinture. On procède donc à un ponçage fin (uniquement avec un abrasif à l'eau), méthode préférable aux matifiants chimiques toxiques et polluants.

Peindre sur du papier peint

On ne peut envisager de peindre un ancien papier peint que s'il est en parfait état, sans moisissure ni décollement, et que ses lés sont bien jointifs. Il doit être dépoussiéré (à l'aspirateur par exemple) ou lessivé s'il est lessivable.

On préconise la peinture acrylique mais il est toujours indispensable de procéder à un essai sur une partie du mur car la réussite de l'entreprise repose à la fois sur la nature de la colle utilisée, la qualité du papier et la façon dont il a été posé. Lors de l'essai, des cloques peuvent apparaître, ce qui n'est pas forcément grave car il y a de fortes chances qu'elles disparaissent au séchage. Par contre, le moindre signe de décollement indique que le papier doit être enlevé avant d'entreprendre la peinture.

À noter: la peinture d'un papier peint est rarement pleinement satisfaisante car la trace des lés apparaît souvent sous la peinture, ce qui est peu esthétique.

À SAVOIR

Le décollage du papier peint s'effectue à chaud avec une décolleuse vapeur ou à froid avec une éponge et un produit spécifique. Le décollage s'effectue avec une spatule en prenant garde de ne pas abîmer le support.

LE SCOTCH DE MASQUAGE

Fastidieux à mettre en place, il permet de peindre plus rapidement et plus proprement. Il est incontournable lorsqu'il s'agit de réaliser des aplats muraux (à moins d'avoir la main experte et le geste précis), des zonings et des rayures...

Une fois encore, il ne faut pas lésiner sur la qualité car les scotchs de masquage premier prix ont tendance à compliquer le travail plutôt que de le faciliter: mauvaise adhérence provoquant le glissement de la peinture sous le scotch, difficulté à effectuer des découpes nettes manuellement, difficulté d'enlèvement du scotch... On privilégie donc la qualité même si le coût est presque le double du premier prix, car « l'investissement » est la garantie d'un travail de bien meilleure qualité.

Astuce

Le scotch de masquage se retire de préférence avant séchage complet car son enlèvement peut provoquer le décollement d'une peinture adhérant mal au support. Quelle que soit la qualité de l'adhésif, on l'enlève doucement en maintenant un angle de plus de 90° avec le support car un angle inférieur risque de soulever la peinture. On le privilégie plutôt large pour faciliter le travail et éviter les débordements.

Composition nécessitant clairement la mise en place de scotch de masquage...

LE SCOTCH DE MASQUAGE

Utile pour réaliser un aplat sur un seul pan de mur

Pour protéger prises et interrupteur dont on enlève si possible les caches.

Pour peindre une fenêtre sans baver sur les vitres. On peut néanmoins nettoyer des bavures avec le plat d'une lame de rasoir plantée dans un bouchon…

Pour délimiter de petites zones à peindre, comme les moulures.

Peindre les plinthes indépendamment du mur.

1. Les scotchs de masquage délimitent les rayures à peindre.

2. Chaque rayure est peinte dans la couleur qui lui est attribuée.

3. Les premiers scotchs sont enlevés (de préférence avant séchage complet).

4. Une fois sèches, les premières rayures sont protégées avec de nouveaux scotchs qui permettent de réaliser le second jeu de rayures.

LA MISE EN ŒUVRE

Si elle est grandement facilitée par une bonne préparation, sa qualité repose également sur quelques règles à respecter et certaines précautions à prendre.

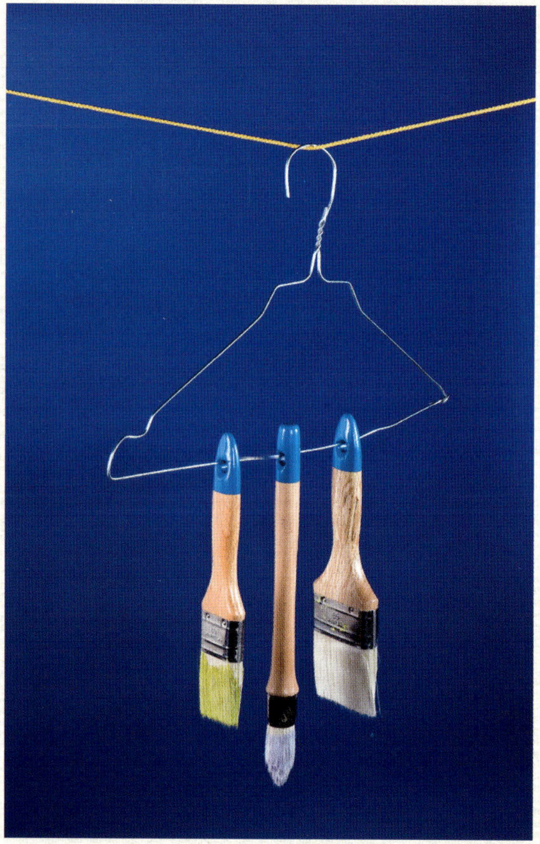

DE BONNES CONDITIONS

Des travaux de peinture ne s'effectuent jamais dans un courant d'air susceptible de générer le collage de grains de poussière sur la peinture fraîche et de provoquer un séchage trop rapide des peintures acryliques.

Côté température, l'idéal se situe entre 10 et 25 °C. À moins de 10 °C, la peinture est difficile à appliquer et peine à sécher. Inversement, elle sèche trop vite au-dessus de 25 °C.

On s'équipe de vêtements adaptés, idéalement d'une combinaison de peintre (jetable si les travaux sont occasionnels).

On aère bien la pièce (tout en évitant les courants d'air). On ne peint jamais dans une atmosphère confinée. Idéalement, on porte un masque.

On ne fait jamais faire de peinture à une femme enceinte (même de la peinture acrylique). Pas plus qu'aux jeunes enfants. On enlève également les plantes vertes de la pièce en travaux.

On n'enlève le maximum de revêtements susceptibles d'absorber les COV (en particulier tous les textiles et les matériaux fibreux).

On ne réemménage pas dans la pièce sous prétexte que la peinture est sèche. Un délai de 48 heures est indispensable (pendant lequel on aère la pièce au maximum), même pour les peintures acryliques.

PAR OÙ COMMENCER?

On commence par le plafond, toujours par le côté d'où provient la lumière. Viennent ensuite les boiseries, puis les murs. On travaille par panneaux successifs d'environ 1 mètre carré, en croisant les passes. Pour une peinture du sol, on pense à commencer par le côté opposé à la porte. Cela paraît évident, mais pourtant plus d'un se fait piéger!

Astuce

Il est inutile de nettoyer ses pinceaux entre deux couches, encore moins de les laisser tremper dans de l'eau ou du white-spirit selon les cas, cela risque de les déformer et de diluer inutilement la peinture lors de la couche suivante. Plus simplement, après les avoir essorés, on les met à l'abri de l'air en les enveloppant dans un sac plastique fin en prenant soin de bien faire adhérer le plastique aux poils du pinceau. Le principe fonctionne aussi avec du film alimentaire ou du papier aluminium.

CONSERVER SON MATÉRIEL

Les pinceaux

Ils se conservent enveloppés dans du papier journal, après avoir été soigneusement nettoyés, rincés et séchés. Afin qu'ils gardent bien leur forme, on les sèche de préférence suspendus, un cintre en fil métallique faisant très bien l'affaire.

Les pots de peinture

Ils se conservent dans un endroit peu soumis aux variations de température. On préfère donc une température ambiante intérieure à un garage non isolé.

On ne laisse pas un petit reste de peinture dans un grand pot dans lequel il risque de s'oxyder plus facilement. On le transvase donc dans un pot plus petit (du type pot de confiture) que l'on isole de la lumière et sur lequel on prend soin de reporter les infos concernant la peinture (type, référence couleur...).

Pour conserver un pot encore assez plein, on applique sur ce dernier un film plastique que l'on fixe au pot avec un adhésif périphérique, puis on replace le couvercle. On conserve le pot retourné (si une pellicule doit se former, elle sera au fond du pot).

PROBLÈMES ET DÉFAUTS

Quelques défauts courants peuvent apparaître lors d'une mise en peinture. Ils sont le plus souvent dus à un problème de support.

LA PEINTURE CLOQUE...

Se reconnaissant par des bulles soulevant la couche de peinture, le cloquage concerne surtout les finitions satinées ou brillantes, plus « fermées » et empêchant une humidité résiduelle de s'échapper. Les finitions mates provoquent davantage des problèmes d'écaillage révélant des problèmes d'adhérence de la peinture sur le support.

Causes possibles:

- L'application d'une peinture glycéro sur une surface insuffisamment sèche.
- L'exposition à l'humidité d'une surface fraîchement peinte.
- L'humidité provenant de l'extérieur et traversant les murs.
- La mise en peinture d'un support farinant (laissant des traces sur la main en cas de contact). Le cloquage apparaît alors dès la première couche.
- Le séchage insuffisant entre deux couches de peinture acrylique (le support est alors saturé d'eau, surtout si la peinture est inférieure à 15 °C).

Solution:

Elle consiste le plus souvent à éliminer le cloquage avec une spatule, puis à poncer avant de repeindre. Il peut être nécessaire d'effectuer un enduit de lissage, en particulier si le problème vient d'une surface farinante. Dans ce cas, un délai de séchage d'environ 2 semaines est nécessaire avant de repeindre. Dans le cas d'une humidité extérieure, il est impératif de résoudre le problème avant d'entreprendre de nouveaux travaux d'enduit et de peinture.

LA PEINTURE RESTE COLLANTE...

Rare avec les peintures acryliques, ce phénomène concerne surtout les peintures alkydes dont le séchage superficiel est rapide mais le séchage à cœur très long (s'apparentant ainsi aux peintures glycéro). Il peut se produire lors de la mise en contact de deux surfaces peintes, comme une porte et son encadrement, mais aussi par simple contact: la peinture colle sous la main.

Causes possibles:

- La peinture était de qualité médiocre.
- La peinture était trop vieille.
- Le temps de séchage a été insuffisant avant de refermer la porte ou la fenêtre.
- Le temps de séchage a été insuffisant entre les deux couches de peinture.

Solution:

Appliquer un vernis alkyde ou polyuréthane.

ON VOIT DES TRACES DE REPRISE...

Causes possibles:

- Le support est trop absorbant et on a sauté l'étape primaire d'accrochage.
- On a appliqué trop de sous-couche (deux couches alors qu'une seule suffit).
- La sous-couche n'était pas assez sèche.
- La peinture a été réalisée par une trop forte chaleur.
- La peinture a été réalisée dans un courant d'air (elle a séché trop vite).
- L'application de la peinture a été trop lente (l'idéal est de passer environ 2 minutes par m^2)
- On est revenu sur des zones déjà sèches.

Le support est trop lisse et n'a pas été dépoli avant l'application de la peinture.

Solution:

En remettre une couche après avoir bien laissé sécher la précédente (attendre plusieurs jours).

LA PEINTURE NE COUVRE PAS...

Causes possibles:

- La peinture n'a de monocouche que le nom (ce qui est souvent le cas).
- Les couches ont été réalisées trop rapidement l'une après l'autre. Idéalement, on laisse sécher environ une semaine une sous-couche et on attend 2 à 3 jours entre deux couches.
- Le support est trop absorbant.
- La peinture a été trop « tirée ». Seule la peinture glycéro, et éventuellement alkyde, se « tire ». les peintures acryliques se chargent plus grassement et s'étirent peu.

Solution:

Une fois encore, elle consiste à appliquer une nouvelle couche, toujours après avoir laissé la précédente sécher suffisamment.

CARNET D'ADRESSES

Agnès Cambus et Manuel Bonnemazou, agence Elément-s
0144790637 - www.bonnemazoucambus.com

Andrew Nimmo
www.Nimmo.co.za

Annabel Gueret, boutique Edmond
0607049825 - www.edmond.tm.fr - Annabel@edmond.tm.fr

Atelier Alnoor Design
0143486343 - www.alnoordesign.com

Atelier-D
0143559119 - www.atelier-d.fr - contact@atelier-d.fr

Bruno Decaris et Agnès Pontremoli, agence Opus 5
0142338784 - agence-decaris@wanadoo.fr - www.opus5.fr

Carlos Cujol
0611340748 - www.carlos.fr - contact@carlos.fr

Charlotte Mouet
0613178853

Christelle Benyaïch
0623788131

Christophe Duprez, agence Druprez Design
0493407642 - www.duprezdesign.fr

Clotilde Ah-Kang
clotilde.ahkang@gmail.com

Craig Kaplan
craigkap@gmail.com

Cyril Rheims, agence KI Architecture
0621029511 - ki.cyril@gmail.com

Émilie Bonaventure, agence be-attitude
0171273299 - www.be-attitude.net - info@be-attitude.net

Eric Chevalier
www.les-blanches-de-payzc.fr

Flora de Gastines et Anne Geistdoerfer, agence Double G
0142781756 - www.doubleg.fr - ecrire@doubleg.fr

Gérard Faivre
0140468532 - www.gerardfaivreparis.com - contact@gerardfaivreparis.com

Greg Truen, agence Saota
www.saota.com

Guilhem de Barbarin, Jérôme et Stéphane Pichoux, agence B & P architecture
0491550054 - bpp3@free.fr - bparchitecture. wix. com

Guy et Aurélien Lallemand
0556213836

Jérôme Pichoux
0491550054 - bpp3@free.fr - bparchitecture. wix. com

Jon Jacobson-Metropolis
00 27 21423 71 04 - www.metropolisdesign.co.za

L'empreinte décoration
0232482301 - 0688752276 - www.lempreinte-decoration.fr - lenpreintedecoration@orange.fr

Lennard et Lennard, agence architects & Planners
+27 21783 2624 - www.lennerd.co.za

Ludivine Degas, « La maison poétique »
0556230133 - lamaisonpoetique.contact@orange.fr

Marie-Laure Helmkampf
0613663768 - www.ml-hdesign.com

Nathalie Robin
0663124811 - robin.archi@gmail.com

Nathalie Vingot Mei
0662331599 - www.decoration-et-provence.com

Pascal Froidure, agence Lativ Design
0679802958 - pascal.froidure@pdcc.fr

Sarah Lavoine
0142606040 - www.sarahlavoine.com - studio@sarahlavoine.com

Véronique Lecomte
0143068114 - contact@veroniquelecomte.fr - www.veroniquelecomte.fr

Wespi et De Meuron
www.wespidemeuron.ch

CRÉDITS PHOTOGRAPHIQUES

Couverture
1re de couverture: photo doc.Castorama.
4e de couverture: H photo doc.AMPM ; M photo Nicolas Matheus/architectes Agnès Cambus et Manuel Bonnemazou, agence Element-S ; B photo doc. Castorama

p. 2 photo Nicolas Matheus/architecte Craig Kaplan - p. 4/5 photo doc. AMPM/La Redoute - p. 6 photo Germain Suignard/stylisme Claire Lebouar - p. 7 H photo Olivier Hallot - p. 7 MD photo doc. Astral - p. 7 BD photo doc. Emery & Cie - p. 7 BM photo doc. La Redoute - p. 7 BG photo Olivier Hallot/décoration Atelier Alnoor Design - p. 7 MG photo doc. Leroy Merlin - p. 8 photo doc. Castorama - p. 9 H photo Germain Suignard/stylisme Bettina Lafond/architecte Jérôme Pichoux- p. 9 B photo Nicolas Matheus/architectes Flora de Gastines et Anne Geistdorfer, agence Double G - p. 10 G photo Alain Potignon - p. 10 D photo doc. Dulux - p. 11 G photo doc. AMPM/La Redoute - p. 11 D photo doc. Castorama - p. 12 photo Nicolas Matheus/architectes Agnès Cambus et Manuel Bonnemazou, agence Element-s - p. 13 G photo Nicolas Matheus/architecte d'intérieur Sarah Lavoine - p. 13 D photo Nicolas Matheus/architecte Craig Kaplan - p. 14 photo doc. Castorama - p. 15 G photo doc. Luxaflex - p. 15 D photo Germain Suignard/stylisme Christine Pirot-Habras/architectes Guy et Aurélien Lallemand - p. 16 photo doc. Tollens - p. 16/17 photo doc. Castorama - p. 17 photo Pierre-Jean Verger/stylisme Marie radot/décoration Stella Cadente pour sa maison d'hôtes - p. 18 photo Alexandre Réty - p. 19 photos doc. Leroy Merlin/architecte Cyril Rheims - p. 20 photo Germain Suignard/architecte Nathalie Robin - p. 21 G photo Pierre-Jean Verger/stylisme Sophie Maillot-Juillet - p. 21 D photo Germain Suignard/stylisme Delphine Fromenthal/architecte Nathalie Robin - p. 22 photo Germain Suignard - p. 23 H photo Nicolas Matheus/architectes Agnès Cambus et Manuel Bonnemazou, agence Element-s - p. 23 BG photo Julien Clapot - p. 23 BD photo doc. Dulux - p. 24/25 les 3 photos Pierre-Jean Verger/décoration Nathalie Vingot Mei - p. 26 photo Germain Suignard/stylisme Pascale Jones - p. 27 H photo doc. Castorama - p. 27 BG photo Nicolas Matheus/architecte d'intérieur Véronique Lecomte -p. 27 BD photo doc. Castorama - p. 28 H photo Olivier Follnï pour Sigma Coatings - p. 28 B photos Marie-Pierre Dubois Petroff - p. 29 photos Olivier Follnï pour Sigma Coatings - p. 30/31 photos doc. Leroy Merlin - p. 32/33 les 6 photos Julien Clapot/architecte Pascal Froidure - p. 34/35 photo Nicolas Matheus/architecte d'intérieur Charlotte Mouet/designer Jacques leseur - p. 36 photo doc. AMPM/La Redoute - P. 37 G photo doc. Dulux - p. 37 D photo doc. Astral - p. 38 photo doc. Astral - p. 39 G photo Mai-Linh - p. 39 M photo doc. Dulux - p. 39 D photos doc. Astralp. 40 g photo doc. Astral - p. 40 D photo doc. Castorama - p. 41 G photo doc. Leroy Merlin - p. 41 D photo doc. Astral - p. 42 photo Germain Suignard/stylisme Cécile Papapietro-Matsuda/architecte Atelier D - p. 43 HG photo doc. Castorama - p. 43 HD photo doc. Dulux - p. 43 B photos doc. Castorama - p. 44 photo Germain Suignard/stylisme Virgine Cantais - p. 45 G photo Julien Clapot - p. 45 D photo doc. Dulux - p. 46 G photo Olivier Hallot/décoration Gérard Faivre - p. 46 D photo Olivier Hallot - p. 47 G photo Nicolas Matheus/architecte d'intérieur Marie-Laure Helmkampf - p. 47 D photo doc. Like a color - p. 48 G photo doc. Dulux - p. 48 D photo Pierre-Jean Verger - p. 49 photo doc. Astral - p. 50/51 les 4 photos Olivier Hallot/architecte Clotilde Ah-Kang - p. 52 H photo Nicolas Matheus/architecte Greg Truen, agence Saota - p. 52 B photo doc. Astral - p. 53 G photo doc. Astral - p. 53 D photo Nicolas Matheus/architecte d'intérieur Charlotte Mouet/designer Jacques leseur - p. 54 G photo Germain Suignard/stylisme Christine Pirot-Hebras/architectes Guy et Aurélien Lallemand - p. 54 D photo doc. Castorama - p. 55 photo doc. Emery & Cie - p. 56 G photo doc. Astral - p. 56 D photo doc. Castorama - p. 57 photo doc. Leroy Merlin - p. 58 les 2 photos doc. Catorama - p. 59 G photo Nicolas Matheus/Émilie Bonaventure, agence Be-attitude - p. 59 D photo doc. Little Green - p. 60 photo Alexandre Réty - p. 61 HG photo doc. Leroy Merlin - p. 61 HD photo doc. Catorama - p. 61 B photo Julien Clapot - p. 62 les 2 photos Alexandre Réty - p. 63 les 2 photos Pierre-Jean Verger - p. 64 G photo doc. Tollens - p. 64 D photo Pierre-Jean Verger/stylisme Sophie Maillot-Juillet - p. 65 photo Pierre-Jean Verger - p. 66/67 photo Nicolas Matheus/architecte d'intérieur Sarah Lavoine - p. 68 photo doc. Guittet - p. 69 G photo DR/architectes Bruno Decaris et Agnès Pontremoli, agence Opus 5 - p. 69 M. photo doc. Guittet - p. 69 D photo Nicolas Matheus/architectes Wespi et De Meuron - p. 70 G photo doc. AMPM/La Redoute - p. 70 D photo Nicolas Matheus/architecte Jon Jacobson-Metropolis - p. 71 G photo Gaëlle Le Boulicaut/Annabel Gueret pour Edmond - p. 71 D photo Stephen Clément - p. 72 G photo Germain Suignard/stylisme Christine Pirot-Hebras - p. 72 D photo Pierre-Jean Verger/réalisation Christelle Benyaïch - p. 73 G photo DR/architectes Flora de Gastines et Anne Geistdorfer, agence Double G - p. 73 D photo Alexandre Réty - p. 74 photo doc. Tarkett - p. 75 G photo Pierre-Jean Verger - p. 75 D photo doc. Emery & Cie - p. 76 photo Nicolas Matheus/architecte d'intérieur Véronique Lecomte - p. 77 G photo doc. AMPM/La Redoute - p. 77 D photo Nicolas Matheus - p. 78 photo Nicolas Matheus/architectes Flora de Gastines et Anne Geistdorfer, agence Double G - p. 79 G photo Nicolas Matheus - p. 79 D photo Nicolas Matheus/architecte Andrew Nimmo - p. 80 photo doc. Roche Bobois - p. 81 H photo doc. AMPM/La Redoute - p. 81 B photo doc. Tollens - p. 82 photo Nicolas Matheus - p. 83 photo Nicolas Matheus/architecte d'intérieur Marie-Laure Helmkampf - p. 84 photo doc. Dulux - p. 85 G photo Nicolas Matheus/ architectes Flora de Gastines et Anne Geistdorfer, agence Double G - p. 85 D photo doc. AMPM/La Redoute - p. 86 photo doc. Dulux - p. 87 photo doc. Astral - p. 88 photo doc. Sikkens - p. 89 G photo doc. Little Green - p. 89 M. photo Nicolas Matheus/architecte d'intérieur Sarah Lavoine

CRÉDITS PHOTOGRAPHIQUES

- p. 89 D photo doc. Emery & Cie - p. 90 photo doc. Castorama - p. 91 H photo Alain Potignon - p. 91 B photo doc. Leroy Merlin - p. 92 photo Nicolas Matheus - p. 93 G photo Nicolas Matheus - p. 93 M. photo Nicolas Matheus - p. 93 D photo Nicolas Matheus/architectes Agnès Cambus et Manuel Bonnemazou, agence Element-s - p. 94 photo Nicolas Matheus/architectes Lennard et Lennard, agence architects & Planners - p. 95 G photo Nicolas Matheus/architectes Agnès Cambus et Manuel Bonnemazou, agence Element-s - p. 95 D photo Olivier Hallot/décoration « L 'empreinte décoration » - p. 96 photo doc. Dulux - p. 97 H photo doc. Dulux - p. 97 B photo Germain Suignard/ déco Ludivine Degas, « la maison poétique » - p. 98 G photo Pierre-Jean Verger/architectes agence B & P architecture - p. 98 D photo doc. Dulux - p. 99 photo doc. AMPM/La Redoute - p. 100 photo Olivier Hallot - p. 101 HG photo doc. Astral - p. 101 HD photo Nicolas Matheus/architectes Flora de Gastines et Anne Geistdorfer, agence Double G - p. 101 B photo Nicolas Matheus/architecte d'intérieur Marie-Laure Helmkampf - p. 102 G photo doc. Tollens - p. 102 D photo doc. Leroy Merlin - p. 103 G photo doc. Castorama - p. 103 D photo doc. Dulux - p. 104 photo doc. Emery & Cie - p. 105 HG photo doc. AMPM/La Redoute - p. 105 BG photo Olivier Hallot - p. 105 D photo doc. AMPM/La Redoute - p. 106 G photo doc. Dulux - p. 106 D photo doc. Luxaflex - p. 107 G photo doc. Tarkett - p. 107 D photo doc Astral - p. 108 photo Nicolas Grandmaison/architecte d'intérieur Sarah Lavoine - p. 109 HG photo Nicola Grandmaison/architecte d'intérieur Sarah Lavoine - p. 109 BG photo Nicolas Matheus/architecte Craig Kaplan - p. 109 D photo Nicolas Matheus/architectes Flora de Gastines et Anne Geistdorfer, agence Double G - p. 110 photo doc. AMPM/La Redoute - p. 111 G photo doc. Little Green - p. 111 D photo Nicolas Matheus/architectes Flora de Gastines et Anne Geistdorfer, agence Double G - p. 112 photo Nicolas Matheus/ architecte d'intérieur Véronique Lecomte - p. 113 G photo Nicolas Matheus/architecte Craig Kaplan - p. 113 D photo Patrick Smith - p. 114 G photo doc. Little Green - p. 114 D photo Olivier Hallot/décoration Gérard Faivre - p. 115 H photo doc. AMPM/La Redoute - p. 115 B photo Olivier Hallot - p. 116 photo Nicolas Matheus/architecte Craig Kaplan - p. 117 HG photo Nicolas Matheus/architectes Flora de Gastines et Anne Geistdorfer, agence Double G - p. 117 D photo doc. AMPM/La Redoute - p. 117 B photo doc. Guittet - p. 118 H photo Nicolas Grandmaison/architecte d'intérieur Sarah Lavoine - p. 118 B photo Nicolas Matheus/créateur Eric Chevalier - p. 119 photo Francis Amiand/architecte d'intérieur Sarah Lavoine - p. 120 photo Germain Suignard/stylisme Cécile Papapietro-Matsuda/ architecte Atelier D - p. 121 G photo Patrick Smith - p. 121 D photo Sylvie Durand - p. 122 G photo doc. Dulux - p. 122 D photo doc. Dulux - p. 123 photo doc. Dulux - p. 124 photo Hervé Abbadie/architectes agence Atelier-D - p. 125 HG photo Pierre-Jean Verger/architecte Carlos Cujol - p. 125 HD photo Frédéric Vasseur - p. 125 B photo Germain Suignard/stylisme Bettina Lafond/Jérôme Pichoux- p. 126 photo doc. Dulux - p. 127 HG photo doc. AMPM/La Redoute - p. 127 HD photo Alain Potignon - p. 127 B photo Alain Potignon - p. 128 G photo Nicolas Matheus - p. 128 D photo Nicolas Matheus/ architectes Flora de Gastines et Anne Geistdorfer, agence Double G - p. 129 photo doc. Ikea - p. 131 photo doc. Dulux - p. 132 HG photo doc. Dulux - p. 132 D les 2 Julien Clapot - p. 133 photo doc. Dulux - p. 134 H photo doc. Tollens - p. 134 H photo doc. Tollens - p. 134 BG photo doc. Tollens - p. 135 G photo doc. Guittet - p. 135 D photo doc. Tollens - p. 137 G photo doc. Graham & Brown - p. 137 D photo doc. Dulux - p. 138/139 les 9 photos Julien Clapot - p. 140 photo Julien Clapot - p. 141 photo doc. Dulux

8, rue Blanche
75009 Paris
Tél.: 0148050303
Fax: 0148050204
www.editions-ulmer.fr

Réalisation: Guillaume Duprat
Responsable éditoriale: Marie-Pierre Dubois Petroff
Impression: Printer, Trento
ISBN: 978-2-84138-715-1
N° d'édition: 715-01

Dépôt légal: septembre 2014
Printed in Italy

MIXTE
Papier issu de sources responsables
FSC® C015829